두 번째 지구는 없다

두 번째 지구는 없다

타일러 라쉬

RHK
알에이치코리아

나의 조카들, 레일라와 키어런의
미래를 생각하며

작은 상자 바깥에
더 큰 상자가 있다

나는 버몬트의 숲, 자연 속에서 자랐다. 그래서 계절의 냄새도 알고, 계절에 따라 비 내릴 때 여향이 다른 것도 알고, 좋은 흙과 안 좋은 흙의 차이를 냄새로 안다. 하지만 서울에 와서 "겨울 냄새 난다." 그러면 친구들은 "무슨 소리야?"라고 묻는다. 겨울의 냄새, 계절의 냄새가 있는데 그걸 모르는 삶은 너무 슬픈 것 같다.

자연의 냄새와 도시의 냄새는 다르다. 비가 내린 날 아스팔트에서 올라오는 냄새는 차갑고 비어 있다. 자연의 냄새를 모르고 세상을 떠나는 사람은 인간이 뭔지 모르고 살다 간 사람이 아닌가. 가끔 그런 생각이 든다.

내 어린 시절을 함께한 숲, 자연이 나의 기본설정을 만들어 주었다. 세상에 나가서 직접 해야 하는 것이 많다는 것을 알려줬고, 사람과 사회, 인류보다도 큰 기반이 있다는 것을 알려줬다. 우리가 자연 안에 있고 그 일부이며, 자연이 우리를 구현시킨 것인데도 우린 그것을 잊고 살고 있다. 버몬트는 자연과 나를 연결하는 매개체 같은 존재이다.

우리가 자연과 연결되어 있다는 걸 체감하지 못한다면, 인간이 만든 시스템이 밀폐된 것인 양, 자연과 환경에는 연결고리가 없는 양 생각하게 된다. 인공적으로 단절됐다는 느낌을 받지 않으려고 여기저기 정원도 가꾸고 공원도 조성하며 우리 주변을 꾸미지만, 자연에 관한 생각은 거기에 그치는 것이다. 마치 신기한 것들로 꾸며진 빅박스스토어(Big-box store, 여러 지점이 있는 가게로서, 건물을 크고 네모난 모양으로 지은 대형마트나 쇼핑몰을 말한다)에 갇혀 일평생을 사는 것처럼.

나, 우리 집, 직장, 사회라는 상자는 자연이라는 더 큰 상자 속에 있다. 큰 상자에 문제가 생기는 순간 그 안에 속한 작은 상자가 위험해지는 것은 너무 명백하다. 우리가 속한 더 큰 상자를 생각하지 않고 마음대로 하는 순간, 작은 상자 속 우리는 모두 위험에 빠진다.

그런데 우리는 점점 큰 상자를 잊어가고 있다. 우리가 갇힌 인공이라는 작은 상자 바깥을 전혀 상상하려 하지도 않는다. 수도를 열면 물이 쏟아지지만, 그 물이 어디에서 왔는지 궁금해하지 않고, 우리가 숨 쉬는 공기가 어디에서 만들어졌는지 궁금해하지 않는다. 그러니 알려고 하지 않는다. 많은 사람이 공기가 숲에서 만들어진다고 말하는데, 사실 가장 많은 산소가 만들어지는 곳은 바다이다.[1] 바다에서 작은 플랑크톤이 번식하며 산소를 배출하는데, 그게 우리가 숨 쉬는 산소의 절반 이상을 차지한다고 한다. 이걸 알고 있으면 바다가 더러워져도 상관없다는 식의 생각은 할 수 없다.

이 책에 그동안 내가 가장 하고 싶었던 자연, 환경 이야기를 담았다. 내 꿈은 기후위기를 해결하는 것이다. 기후위기는 지금 우리 삶, 우리 재산, 우리 미래를 위협하고 있지만, 그동안 TV 방송에서 이 이야기를 충분히 하지 못했다. 얘기하려고 해도 결국 재미없다는 이유로 편집되거나 빨리 감기로 풍자의 대상이 되기 일쑤였다. 누구도 듣고 싶어 하지 않았기 때문이다. 전문가도 아닌 내가 환경을 이야기하는 건, 누구라도 당장 말을 꺼내고 너나없이 당장 행동해야 할 만큼 지구의 상황이 절박해서이다. 내가 완벽하지 않다는 게 목소리를 내지 못할 이유가 될 수 없다. 그 마음으로 작은 용기를 낸다.

이 책은 이렇게
만들었습니다

이 책은 친환경 콩기름 잉크를 사용해 인쇄하였습니다. 표지와 본문에 FSC® 인증 종이를 사용했습니다. FSC 인증은 산림자원 보존과 환경 보호를 위해 국제산림관리협의회(Forest Stewardship Council)에서 만든 산림 관련 친환경 국제 인증입니다. 환경, 사회, 경제적으로 지속가능한 산림경영을 보증하여 책임 있는 관리를 촉구하고 난개발을 방지합니다. FSC 인증 라벨 제품을 사용하면 지속가능한 방식으로 관리된 나무를 선택해 숲과 야생 동물을 모두 보전할 수 있습니다.

제작비가 더 들고 번거롭더라도, 환경에 부담을 덜 주고 산림 파괴를 막는 데 기여하고자 하는 저자의 의도를 반영하였습니다. 또 환경을 위해 책의 디자인에 있어 잉크 사용을 최소화하고 불필요한 종이 낭비를 막기 위해 종이 손실이 덜한 판형을 선택하고 띠지를 생략하였습니다. 2019년 6월부터 2020년 6월까지 타일러 라쉬와 출판사는 여러 차례 만나 가장 환경을 덜 훼손하는 제작을 고민했습니다. 이 책의 만듦새는 치열한 고민의 결과로 탄생했습니다.

차 례

프롤로그 작은 상자 바깥에 더 큰 상자가 있다 6

1부 모두가 파산을 앞두고 있습니다

1장 채무자는 인간

내 꿈은 기후위기를 해결하는 것 17

나의 빚쟁이 친구 26

6도의 멸종 30

우리는 경제를 잘못 생각하고 있다 37

기후위기, 한국에 100억 달러 손실 안긴다 44

코로나19는 시작에 불과하다 48

누구나 환경 난민이 될 수 있는 세상 53

2장   다가올 미래는 예전과 같지 않다

이전의 데이터는 틀렸다 59

우리는 너무 작다는 말 62

아직 위기가 아니라는 말은 핑계이다 67

가장 저렴한 것이 아니라 가장 좋은 것 70

분리수거만 잘하면 충분할까 75

책임에도 정도가 있을까 80

미세먼지라는 나쁜 표현 86

탄소 배출 어떻게 줄일 수 있을까 91

거꾸로 갈 수 있는 정부 96

Green is the New Red 100

3장   어떻게 파산을 면할 것인가

현실을 직시해야 한다 105

우리가 가진 수단을 이용해야 한다 108

온실가스의 주범이 소라고? 112

채식은 불편하지 않아야 한다 116

시스템을 고리로 연결하는 일 120

판다를 지켜야 하는 이유 125

나는 환경을 고려한 기업을 선택한다 132

타일러의 제안, 지구를 위한 한 걸음 139

2부 모든 시작과 끝인 이곳에서

4장 우리는 자연의 일부였다

우리는 자연의 일부였다 145

양동이에 갇힌 개구리처럼 153

코로나19가 만든 그늘 157

자연의 두 얼굴 161

5장 푸른 산이 들려준 이야기

빅박스스토어 대신 엄마 아빠 가게 165

직접 잡을 수 있어야 고기를 먹을 수 있다 174

자연의 변화는 손닿지 않는 곳이 없었다 179

나는 오로라를 보며 걸었다 188

에필로그 오래 갇혀 있던 작은 상자의 밖으로 192

감수자의 말 우리가 해야 하는 이야기 196

주석 206

1부

모두가
파산을 앞두고
있습니다

1장
채무자는 인간

내 꿈은 기후위기를 해결하는 것

내 꿈은 기후위기 문제를 해결하는 것이다.

환경 문제에 대해 의식할 때부터 문제 해결에 기여하고 싶다는 생각을 했지만, 그 바람에 꿈이라는 표현을 붙인 것은 얼마 안 된 일이다.

요즘 사회는 꿈의 자리를 진로에 빼앗겼다. 어린아이가 하늘을 날고 싶다고 하면 "기장이 되고 싶구나."라며 아이의 순수한 꿈을 진로라는 틀에 가둬버린다.

꿈이란 현실이 아니라서 꿈이다. 이루기 힘들어서 꿈이다. 어디에도 얽매이지 않아도 되고 현실성이 없어도 되는 게 꿈이다. 거대해도 되고, 뜬금없어도 된다. 그래서 꿈이다. 그런데 요즘 꿈이 무엇이냐는 질문을 받으면 왠지 직업명이나 업계에서 성공한 타인의 이름을 대야 한다고 착각하는, 기이한 현상이 일어난다. 국제변호사, 사업가, 한국의 스티브 잡스 등. 꿈을 이야기해야 하는 곳에 진로밖에 자리를 두지 않는다. 그래서 꿈이나 미래, 진로 같은 키워드에 관해서 강연하게 되면 항상 이 문제를 열렬히 비판하고, 우리가 당당히 진짜 '꿈'을 이야기했으면 좋겠다고 이야기한다.

어느 날 여느 때와 같이 강연을 하는데, 마지막 질의응답 시간에 한 청년이 손을 들고 물었다. "타일러는 꿈을 자주 바꿨다고 하는데, 지금 꿈은 무엇인가요?"

순간 머뭇거렸다. 스스로 '이 세상에서 뭘 바꾸고 싶지?' 질문하자 바로 떠오른 게 환경 문제였다. 내가 매일같이 걱정하는 것. 그래서 내 꿈은 기후위기를 해결하는 것이라고 말해버렸다. 말하면서도 이 사람들이 나를 얼마나 유치하게 생각할까. 얼마나 급진적이라고 생각할까. 얼마나 뜬금없다고 생각할까. 털어놓는 순간 나를 평가할 온갖 시선들이 떠올랐고 가슴이 두근두근했다. 다른 사람들도 진심으로 중요하게 생각하는 이슈를 처음 다른 사람 앞에서 공개할 때 이렇게 떨리지 않을까.

그런데 예상과 달리 실제 나를 그렇게 평가하거나 내 꿈이 이상하다고 지적하는 사람은 없었다. 사람들에게는 의외로 타인을 반박할 이유도, 그만한 마음의 여력도 없는 것 같다. 더구나 꿈은 내세우는 게 아니고, 다른 사람에게 강요하는 것도 아니고, 단지 공유하는 것뿐이니까. 그날 청년의 질문 덕분에 환경 문제가 해결되었으면 하는 바람을 꿈이라고 해도 되는구나, 목소리를 조금 더 내도 되는구나 깨달았다.

기후위기 문제 해결이라는 꿈은 처음 가진 게 언제부터인지 모르겠다. 아마 천천히 스며들었을 것이다. 일상생활에서 매일같이 느끼는 문제이니까. 일하다가 스트레스가 쌓일 때 밖으로 나가 마음껏 달리고 싶어도 매번 미세먼지와 초미세먼지 농도를 확인해야 한다. 매년 즐기는 스키 시즌도 점점 짧아진다. 이런 세상에서 우리 조카들이 살아가는 건 어떤 모습일까…. 셀 수 없이 많은 것이 걱정되고, 그걸 해결하고 싶다는 게 좋은 의미로도 나쁜 의미로도 꿈만 같았다. 그래서 "환경 문제를 해결하는 데 기여하는 것이 내 꿈"이라고 답한 것이다.

우리는 이전 세대의 신화를 들으면서 자란다. 어떤 기업의 총수는 어떤 투자로 부자가 되었고, 누구는 또 어떻게 살아 부자가 되었다는 이야기를. 또 "앞으로 이렇게 저렇게 될 수 있으니 이렇게 준비해라." 하는 것들을 예측하고 준비한다. 하지만 우리가 살아갈 미래는 결코 과거에 짐작한 모습이 아니다. 전혀 다른 기반이 깔려 있으니까.

일단 우리가 꿈꾸던 그런 은퇴, 그런 집은 가지지 못할 가능성이 높다. 그러니까 바닷가 집을 짓고 올레길을 걸으며 바다를 보고…. 이런 미래는 우리에게 오지 않을 가능성이 크다.

기후위기로 해수면이 상승하고 있기 때문이다(이런 얘기를 꺼내면 이상한 사람으로 보거나, 내가 우스갯소리를 한다고 생각하는 경우가 많다. 하지만 나는 현실주의자, 실용주의자다. 그리고 이런 이야기를 꺼낼 때 100% 진지하다).

살고 싶은 집, 내가 원하는 지역은
침수 예정이거나 태풍 피해를 수시로
입게 되거나 극심한 가뭄에 시달리게
된다. 우리의 집이 물에 잠기거나
불타 사라질 위기에 처한 것이다.

요즘은 젊은 사람들이 정말이지 돈을 모으기 어렵다. 4차 산업혁명이 오고, 기계가 일자리를 대체하니 일자리를 찾기 위해 더 경쟁해야 하고, 더 고달프게 살아야 하는 세상이 되어 버렸다. 그래서 상당수가 안정적인 노후를 위해 공무원의 길을 택한다. 상당히 먼 미래를 위해 현재의 선택을 하는 셈이다.

자신의 삶, 일에 관해 생각하는 것처럼, 환경 문제도 같은 견지에서 봐야 한다. 나는 30대 초반이고, 경제적인 문제도 잘 해결해 나가고 있다. 은퇴 후에 살아갈 곳을 찾아야 하는데 내가 은퇴할 나이가 되는 2050년대에는 지금보다 해수면이 올라 많은 지역이 물에 잠긴다.

IPCC(Intergovernmental Panel on Climate Change, 기후변화에 관한 정부간 협의체. 기후변화 대응을 위해 설립된 UN 산하 국제 기구)는 지난해 제51회 총회에서 '해양 및 빙권 특별보고서'를 채택하며 기후위기에 적극적으로 대응하지 않으면 해수면 상승으로 2050년에는 100년에 한 번 있을까 말까 한 극한상황을 겪게 되고, 2100년이면 해수면 상승이 1.10m에 이를 수 있다고 전망했다.

2050년에는 해수면 상승으로 3억 명이 사는 지역이 침수 피해를 당할 것이라는 연구 결과도 나온다. 미국 비영리단체 클라이밋 센트럴Climate Central 연구진은 위성사진과 AI를 활용하여 오류를 줄인 새로운 예측 방식을 적용한 결과 해수면 상승의 영향을 받는 지역이 기존 예측의 3배에 달한다고 지적하면서 2050년이면 베트남 남부 전역, 중국 상하이와 인도 뭄바이의 상당 면적이 바다에 잠긴다고 추정했다.[2]

단순히 해수면이 몇 센티미터 오른다는 숫자만 볼 게 아니다. 지구 기온 상승으로 인해 가장 뜨거워진 곳은 바다이다. 바다의 수온 상승은 태풍 피해를 키운다. 태풍은 수증기가 많고, 수온이 27℃ 이상인 환경에서 만들어진다. 원래라면 태풍이 바다를 지나면서 자연스럽게 수증기가 꺼지고 서서히 힘을 잃어야 하는데, 바다의 수온이 올라가면서 따뜻한 물이 올라와 태풍의 에너지원인 수증기가 된다. 태풍이 오히려 막강해지는 것이다. 육지를 강타한 태풍이 바다에서 다시 힘을 얻고 또다시 육지를 강타하는 패턴이 이어지면서 막대한 피해를 준다.

해수면 상승이 있고 여기에 태풍 피해도 점점 막대해지고 있다. 가장 심한 등급의 태풍은 향후 더 많이 생길 것이고

2050년 해수면 상승의 영향을 받을 것으로 기존에 예측한 지역(그림1)과 새롭게 예측한 지역(그림2). 클라이밋 센트럴Climate Central 연구진이 위성사진과 AI를 도입하여 예측한 결과 2050년에는 그림2와 같이 방콕 전역을 포함한 태국 연안 지역의 상당 면적이 해수면 상승으로 침수될 것으로 내다보았다. 기존 예측 모델의 3배에 달하는 지역이 해수면의 영향을 받는 것으로, 사람들의 예상보다 기후위기가 심각하게 진행되고 있다는 것이다.

2005년 카트리나 수준의 태풍이 일반적일 것이다. 이런 태풍들은 해일현상(Storm Surge, 태풍이나 저기압으로 해수면이 급격히 높아지는 현상. 일반적으로 '폭풍해일'이라 한다)으로, 수면을 약 8m 더 높이 끌어올린다. 이런 부분들을 고려해서 환경 모델을 찾아보면 정말로 깜짝깜짝 놀란다. 내가 살고 싶은 집, 내가 원하는 지역은 침수 예정이거나 태풍 피해를 수시로 입게 되거나 극심한 가뭄에 시달리게 된다.

우리의 집이 물에 잠기거나 불타 사라질 위기에 처한 것이다.

나의 빚쟁이 친구

나는 환경전문가가 아니다. 국제정치학을 전공한 방송인이다. 다만 환경에 관심이 많아 WWF(세계자연기금. 자연 환경 보호를 위해 설립된 국제 비정부 기구) 홍보대사를 맡고 있다. 그래서 부족하지만 내 나름대로 환경에 도움이 되는 관점 하나를 공유하고 싶다.

나에게는 수현이라는 친구가 있다. 이 친구가 열심히 취업해 회사에 다니게 되었는데, 버는 돈보다 나가는 돈이 더 많다. 월급은 200만 원인데 한 달에 쓰는 돈은 350만 원이라고 한

다. 버는 돈의 1.75배나 소비하니 매번 적자이다. 좀 아껴 쓰라
고 충고도 해보지만, 커피값이며 택시비며 이래저래 나가는
돈이 많다며 새겨듣지 않는다. 이 친구는 늘 나에게 돈을 빌린
다. 한두 번은 흔쾌히 빌려주었지만, 점점 나도 부담스러워졌
다. 이 친구가 버는 것보다 많이 소비하는 습관을 고치지 않는
다면 어떤 일이 벌어질까? 나는 다시는 수현이에게 돈을 빌려
주지 않을 것이다.

사람들에게 수현이처럼 살고 싶냐고 물어보면 다들 아니
라고 말한다. 하지만 세상에는 수현이처럼 사는 사람들이 상
당히 많다. 얼마나? 78억 명(2020년 기준). 전 세계 인류가 여기
에 해당한다. 그게 나이고, 그게 우리 모두이다.

우리는 한 해 동안 지구가 생산할 수 있는 자원의 양보다
훨씬 많이 소비하고 있다. 지구가 줄 수 있는 양이 1이라면 매
년 1.75를 사용한다. 그 부족분은 지구로부터 앞당겨 빌리고
있던 셈이다. 슬픈 사실은 지구는 하나뿐이라는 것이다. 지구
가 자원을 더 빌려줄 수 없다면, 우리는 그 어느 곳에서도 살
아갈 수가 없다.

우리가 지구에 자원을 빌려 쓰고 있다는 게, 지구에서 적자를 내고 있다는 게, 우리가 수헌이 같다는 게 무슨 뜻일까? 어떻게 해서 이렇게 되었을까?

학창 시절 우리는 물의 순환에 관해 배운다. 강과 바다에서 물이 증발해 구름이 되고, 구름이 다시 비나 눈으로 내리고, 그 비가 강과 바다로 흘러가고, 그 물이 다시 증발하고… 이것이 물의 순환이다. 지구에 있는 모든 자원은 한정되어 있고, 순환한다. 물도 그렇고 탄소도, 질소도.

지구 자원도 일정 규모 이상 갖추고 있어야 순환하고 재생할 수 있다. 자원이 순환하고, 생태계가 재생하고 지구에 투자수익이 발생하는 상태를 가정했을 때, 우리에게 돌아오는 생태용량의 값을 1이라고 해보자.

1년 동안 우리에게 제공되는 에너지가 1이라고 생각하면, 그걸 1년 내내 나눠서 써야 한다. 그런데 1보다 많이 쓰는 상태라면 어떨까. 사실 1970년대 초반만 해도 세계 평균은 1을 넘지 않았다. 다시 말해 인류는 빚쟁이가 아니었다. 어느 정도 지구가 재생할 수 있게끔 여력이 남는 상황이었다. 그런데 2000년이 되자 지구가 제공하는 생태용량을 10월이면 다 당겨쓰게 되었고, 2019년에는 7월 말이면 지구 자원을 모두 탕진하게 되어 무려 1.75개의 지구를 사용한 꼴이 되었다.

그런데 '어떻게'에 봉착했을 때, 많은 사람이 환경 문제는 무섭고 어려운 문제라고 여긴다. "듣기 싫다." "어차피 망했어." "안 들을래."라고 한다. "내가 그때까지 살아 있겠냐?" 한다. 이건 "이미 월세가 밀려서 못 내는데, 어차피 쫓겨나게 생겼는데 왜 이제 와서 내?" 이런 것이다. 수현이가 나에게 돈을 엄청나게 빌려놓고 "어휴, 어차피 그 돈 못 갚는데 갚으려는 게 다 무슨 소용이야." 하는 것과 마찬가지이다. 그렇다. 나도 간혹 그런 생각에 공감한다.

하지만 환경 문제는 다르다. 월세 안 내서 쫓겨나면 다른 집을 구해도 되고, 빌린 돈을 안 갚아서 친구 잃으면 새로운 친구를 사귀면 되지만, 지구에 빌린 것을 되돌려주지 않으면 어디로 쫓겨날 곳이 없어 목숨으로 갚게 되는 것이기 때문이다.

6도의 멸종

대학 시절 책 《6도의 멸종》을 접했다. 《6도의 멸종》은 학교 다니면서 받은 숙제 중 유일하게 교수가 "학생들이 다 못 읽는 책"이라고 단언했다. 처음에는 혀를 차면서 '설마 내가 그렇게 대충할 것 같나?' 생각했다. 4학년 1학기, 열띤 마음으로 빨리 졸업하려던 때라 교수님 말씀이 어린놈의 자존심을 질러보는 것 같았다. 그런데 결국에는 교수님 말씀이 맞았고, 끝은커녕 중간까지도 책을 읽어내지 못했다.

수업을 같이 듣는 사람 중 누구도 끝까지 책을 읽은 사람은 없었다.

기후위기 수업은 시카고대학교에서 과학 기본교양 과목을 듣는 학생이라면 필수로 이수해야 했다. 이전 수업은 지질학과 생물학으로, 학생들은 지구에 대한 기본적인 이해가 있는 상태에서 기후위기에 관한 내용을 접하게 되었다.

책에서 말하는 '6도의 멸종'은 북극곰이나 펭귄의 멸종이 아니라 문명과 그것을 세운 인류의 멸종을 말한다. 책은 6장으로 나뉘어 있고, 각 장에서는 지구 평균 온도가 1℃ 오를 때마다 일어나는 상황을 묘사했다.

지구의 평균온도가 1℃ 상승하면 북극의 얼음이 녹는 속도가 빨라져 북극곰이 멸종 위기에 놓인다. 2℃ 올라가면 그린란드 전체가 녹아 마이애미, 맨해튼이 바다에 잠기고, 열사병으로 사망하는 환자들이 수십만 명으로 늘어난다. 3℃ 오르면 지구의 폐 아마존이 사라진다. 4℃ 오르면 높아진 해수면 상승으로 인해 뉴욕이 물에 잠긴다. 5℃ 이상 오르면 정글이 모두 불타고 가뭄과 홍수로 인해 거주 가능한 지역이 얼마 남지 않는다. 살아남은 사람들은 생존을 위한 전쟁을 벌이게 된

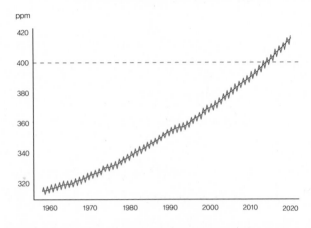

마우나로아 천문대에서 관측한 대기 중 이산화탄소 농도

미국 해양대기청NOAA에서 측정한 하와이 월평균 이산화탄소. 대기 중 이산화탄소 농도는 산업화 이전 280ppm(100만분의 1) 정도였지만, 이후 가파르게 올라 2013년 400ppm을 초과했다. 2020년 4월 기준 농도는 416.21ppm을 기록하고 있다. 지구 대기 이산화탄소 농도가 400ppm에 달했던 것은 약 300만 년 전으로, 그때의 지구 기온은 현재보다 2~3℃ 높았다고 알려져 있다.

출처: NOAA 'Global Monitoring Laboratory'

다. 평균 온도가 6℃까지 오르면 생물의 95%가 멸종한다.

　　3장, 그러니까 3℃ 오른 지구를 묘사한 장부터는 너무 끔찍해서 더 읽기가 힘들었다. 되먹임 현상, 피드백 루프(feedback loop, 기후위기로 인한 결과가 기후위기를 가속화하는 현상. 예를 들어

기후위기로 인한 폭염으로 산림과 해양의 탄소 흡수 능력이 떨어지고, 기후위기로 인해 발생한 산불로 탄소가 발생해 기후위기를 촉진하는 것 등을 들 수 있다) 때문에 인류가 위기를 해결할 능력을 상실하고, 제어 불능 상태에서 산발적으로 거대한 산불이 일어난다. 또 바다의 산성화 때문에 대부분의 갑각류가 껍데기가 진화하기 전의 상황(지구학적으로는 캄브리아기 이전의 상황)으로 돌아간다. 그것이 가장 충격적이었던 것 같다.

바다의 산성화라는 개념을 접해보지 않은 사람이라면 기후위기와 바다가 아무 상관없다고 생각할 수 있겠지만, 바다의 산성화는 엄밀히 말해 기후위기의 결과이다.

기후위기의 근본 원인은 온실가스 배출이라는 것을 누구나 알고 있다. 그중에 가장 문제 되는 가스는 이산화탄소와 메탄이라고도 알고 있다. 그런데 대기에 배출되는 이산화탄소가 어디에 흡수되느냐고 물어보면 대부분은 생물학 수업을 떠올리며 나무가 흡수한다고 말한다. 물론 나무는 이산화탄소를 흡수해 광합성 과정을 통해 산소를 만든다.

하지만, 이산화탄소를 가장 많이 흡수하는 건 생물학적

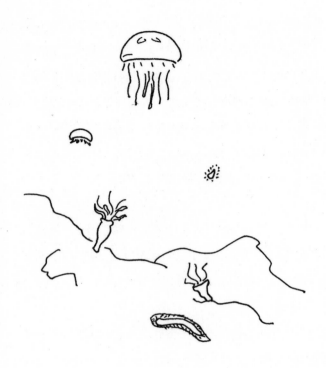

내가 죽기 전에는 그 모습을 보지
못할 테니 결말이 두려운 게 아니라
그 결말로 떨어지도록 지구의 운명을
던져버리는 사건이 지금 내 눈앞에
펼쳐지고 있다는 게 두렵다.
지구가 무너지는 순간에 눈을 뜨고
있는 게 두렵다.

인 것이 아니다. 지구학적인 것이다. 가장 큰 탄소흡수원(대기 중의 이산화탄소를 흡수하여 저장하는 곳. 산림과 해양이 여기에 해당한다), 다시 말해 이산화탄소를 가장 많이 흡수하는 생태계적 장치는 물, 바다이다. 수면이 넓으면 넓을수록 이산화탄소를 스펀지처럼 흡수하는데, 바다는 지구 수면의 75%가량 차지하고 있어 가장 규모가 크고 흡수력이 대단하다. 그러니 기후변화가 속도를 더할수록 바다는 빠르게 산성화되는 것이다. 바다가 산성화된 결과는 무엇일까?

바다가 산성화되면 수소이온이 많아지는데, 수소이온은 탄산염이온과 반응하기 때문에 결국 해양생물이 껍데기를 만드는 데 필요한 탄산염이온이 부족해진다.

바다에는 꽃게, 랍스터, 새우, 대하, 굴 등 온갖 갑각류와 조개류가 있다. 그 동물들은 모두 칼슘을 이용해서 껍데기를 만들어 포식동물로부터 자신을 방어한다. 산도 높은 물에서는 동물들이 껍데기를 만들기 힘들 뿐만 아니라 만들어도 단단해지지 않는다. 최근 기사를 보니 바다의 산성화로 게의 외피가 단단하게 형성되지 않아 특히 어린 게들이 타격을 입고 있다고 한다.[3]

이산화탄소 배출량이 줄지 않고, 기후위기가 계속되면 플랑크톤, 조개, 갑각류가 사라지고 그 동물을 먹는 물고기들이 죽어간다. 남는 것은 캄브리아기 이전까지 바다를 지배했던 해파리뿐이다.

인류가 생겨나기 전의 상태로 지구가 돌아가고 있는 것도 무섭지만 그보다 두려운 건 지구가 5억 4100만 년 전 상태로 변하고 있다는 게 인류만 없는 세상을 의미하는 게 아니라는 것이다. 인류와 영장류는 물론이고 포유류, 파충류, 어류도 없는, 생물학적인 원시 세상으로 돌아간다는 말이다.

내가 죽기 전에는 그 모습을 보지 못할 테니 결말이 두려운 게 아니라 그 결말로 떨어지도록 지구의 운명을 던져버리는 사건이 지금 내 눈앞에 펼쳐지고 있다는 게 두렵다. 지구가 무너지는 순간에 눈을 뜨고 있는 게 두렵다.

우리는 경제를 잘못 생각하고 있다

경제經濟는 경세제민經世濟民의 줄임말로, 세상을 다스리고 백성을 구제한다는 의미이다. 실제로 우리가 이야기하는 경제는 전혀 다른 맥락이다.

우리가 말하는 경제는 고대 그리스 에코노모스에서 유래했다. 고전 그리스에는 한 집이 가진 자원과 그 질서를 뜻하는 에코노모스οἰκονόμος라는 용어가 있다. 아리스토텔레스가 에코노미카Οἰκονομικά라는 이론을 처음 낸 사람이라고 하는데, 집에서 누가 무슨 역할을 맡고 집을 어떻게 관리하는지를 두고 경제를 논한다.

요즘 경제학은 이 개념을 가지고 전체 시스템에 확대한다. 인간사회 전체가 하나의 집이라면 자원 흐름과 배치를 어떻게 관리해야 번영하는가를 보고 분석하고 이론화하는 분야이다.

우리가 말하는 경제는 백성을 다스리는 방법으로서의 정치적 관념이 아닌, 고대 그리스의 자원관리제도학에 그 뿌리를 두고 있다. 지금 우리의 경제관은 비현실적이다. 마치 전체를 다 알 수 있는 것처럼 접근하지만, 사실은 경제를 뒷받침하고 있는 더 큰 기반을 경제와 관련 없는 별개의 것으로 보고 제외한다. 아리스토텔레스가 고대 그리스 농부의 집을 분석할 때 농사기구와 사람만 보고 계절을 무시한 것과 같은 일이다.

경제적 외부성이라는 개념이 있다. 제삼자나 외부의 영향으로 비용이나 이익이 생기지만, 그것을 통제도 제어도 할수 없어서 공식에 반영되지 않고, 실제 가격이나 값을 계산하는 데에 포함되지 않는다. 이렇게 설명하면 어렵게 들릴 수밖에 없지만 간단하게 커피 마실 때를 떠올리면 된다.

직장인들이 점심시간에 커피를 마신다고 생각해보자. 카페에서 더블샷 바닐라라떼를 주문하고 5,500원을 지불하고 동료들과 재미있게 수다를 떨다가 사무실로 돌아갔다.

여기서 더블샷 바닐라라떼의 가격은 얼마인가? 지갑에서 지불한 5,500원일까? 하지만 그 한 잔의 비용 편익도 똑같을까? 커피 한 잔으로 얻은 것, 그리고 잃은 것이 무엇일까?

단순히 생각하면 얻은 것은 단맛과 카페인이 추가된 것, 일회용 컵을 써서 편히 마실 수 있는 것 정도이다. 그러면 잃은 것은 무엇이 있을까? 직장인의 지갑에서 나간 5,500원, 그게 끝일까?

한 잔의 더블샷 바닐라라떼로 얻고 잃은 것들은 또 있다. 얻은 것으로는 카페인을 섭취했기 때문에 업무효율이 올라간 것, 동료들과 커피를 사 마시고 수다를 떨면서 집단적 소속감이 축적된 것, 그리고 '나는 그냥 아메리카노가 아니라, 다른 메뉴를 주문할 수 있는 사람이다.'라는 경제적 자신감이 충전된 것이다. 또 업무 실적을 쌓고 승진하는 데에 필요한 에너지를 매일 조금씩 얻어가고 있다. 이것은 가격에 반영돼 있지 않은 혜택이다.

그렇다면 가격에 반영되지 않았지만 잃은 것도 있지 않을까? 통제하고 제어하지 못한 것을 상상해 보면 답이 나온다. 더블샷 바닐라라떼에 들어간 설탕이 건강에 미친 악영향, 먼 훗날 늘어날 의료비용, 아메리카노를 시켰다면 아낄 수 있었던 1,000원의 경제적 여력, 직장 동료와 쉴 틈 없이 이야기하면서 포기한 개인적인 쉬는 시간, 카페인으로 증가한 코르티솔(부신 피질에서 생기는 스테로이드 호르몬의 일종이며 스트레스 호르몬이라고도 한다. 과다 분비되면 체중 증가, 피로 등 문제를 유발한다) 분비와 탈수 현상 등이다.

이렇듯 가격에는 반영되어 있지 않은 이익과 손해가 크다. 우리는 계산이 어려운 그런 것들에 전부 '경제적 외부성'이라는 라벨을 붙여서 무시하는 경제관을 갖고 있다. 그렇다면 환경에 관해서 얘기할 때 경제적 외부성은 무엇일까?

커피의 주원료는 원두이다. 커피 원두는 열대 지역에서 자라기 때문에 열대 지역에 커피나무를 심고 키워야 한다. 원래 그 자리에서 자라던 식물이 생태계에서 했던 역할의 값은?

모른다. 다른 식물을 제거하고 커피나무를 키우면 그 지역의 공기 질은 어떻게 바뀔까? 토양이나 그 지역의 동물 생태계에는 어떤 영향을 미칠까? 모른다.

또 그 커피를 다른 나라에 수출하는 과정에서 생기는 온실가스는? 대기로 방출된 가스 때문에 대기가 따뜻해지고 강우 패턴이 달라져서 가뭄을 유발하고 해충이 증가하는 값은? 계산이 안 된다고 추측조차 하려고 하지 않는다.

기후위기로 인해 2014년 브라질 커피 생산 지역에는 가뭄이 들었고, 중미에서는 곰팡이가 돌아서 흉년이 들었다. 기후위기로 인한 이상기후로 아라비카 커피콩 값이 1년 만에 2배로 폭등했다. 2050년까지 점차 온실가스를 줄여도 아라비카 콩 생산 지역의 49%가 없어진다고 한다.[4]

우리의 경제관은 고장 났다고 하기보다는 구각이라고 지적하는 게 더 맞다. 이전에는 몰라서 알 수 없던 것을 어쩔 수 없이 계산에 넣지 못하고 생각하지 않았다면, 이제는 알 수 있고 계산할 수 있는 것인데도 안 하는 식이다.

이것이 환경 문제의 핵심이다. 경제 활동의 외부 효과를 전혀 고려하지 않는 것, 어떤 일이 유발하는 환경오염과 그것을 회복하는 데 드는 시간과 비용을 염두에 두지 않는 것 말이다. 가장 대표적으로 화석 연료 대신 재생에너지를 쓸 수 있음에도 원자력 에너지가 값싸다는 이유로 원자력 발전소를 짓는 것을 들 수 있다. 훗날 원자력 발전소를 닫는 데 들어가는 최소 수십 년의 시간과 막대한 비용, 방사능 유출과 그로 인한 땅과 바다의 오염, 오염 때문에 발생하는 치명적인 질병과 막대한 치료비는 우리가 말하는 '경제' 안에서 철저하게 배제되어 있다.

가격에는 '값'이 제대로 반영돼 있지 않다. 틀린 '가격'이 우리에게 비싼 값으로 돌아오고 있다.

이것이 환경 문제의 핵심이다.
경제 활동의 외부 효과를 전혀
고려하지 않는 것, 어떤 일이
유발하는 환경오염과 그것을
회복하는 데 드는 시간과 비용을
염두에 두지 않는 것 말이다.

기후위기, 한국에 100억 달러 손실 안긴다

사람들은 기후위기 문제를 해결하는 건 너무 큰 비용이 든다고 말한다.

기후위기 문제를 방치해서 우리에게 돌아오는 손실은 비교할 수 없을 정도로 막대하다는 게 잘 체감되지 않는 듯하다.

WWF에서 2020년 2월 발표한 보고서 '지구의 미래Global Futures'에서는 기후위기로 인해 매년 세계총생산 중 최소 4,790억 달러(1달러당 1,200원의 환율을 적용할 시 한화로 약 575조

원), 2050년까지 누적 9조 8,600억 달러(약 1경 1,800조 원)의 손실이 발생한다고 한다.

인류가 지금과 같은 방식으로 지구 자원을 소비할 때 예상되는 재해와 생태계 변화로 인해 발생하게 될 경제적 손실을 분석한 결과이다.

기후위기로 향후 30년간 예상되는 GDP 손실액

순위	국가	규모
1	미국	830억 달러
2	일본	800억 달러
3	영국	201억 달러
4	인도	200억 달러
5	호주	200억 달러
6	브라질	140억 달러
7	한국	100억 달러
8	노르웨이	90억 달러
9	스페인	90억 달러
10	프랑스	80억 달러

출처: WWF '지구의 미래' 보고서(2020)

지금과 같이 자원을 소비할 경우 한국에 예상되는 GDP 손실액은 최소 100억 달러(한화 약 12조 원)에 달한다. 조사 대상인 140개국 중 7위에 해당한다.

세계경제포럼도 향후 10년간 인류에게 다가올 위험 요인으로 1위 기후위기, 2위 기후위기 대응 실패를 들었다. 2019년 '글로벌 리스크 보고서'에서 언급한 것으로 세계경제포럼에서 인류에게 다가올 주요 리스크로 환경 문제를 언급한 건 처음이다.

세계경제포럼과 영국 회계법인 프라이스워터하우스쿠퍼스PwC는 전 세계적으로 44조 달러 규모의 경제가 자연 생태계 변화로 인해 타격을 받을 수 있다고 추산했다. 전 세계 GDP의 절반 이상에 해당한다.

현실이 이런 상황이니 기업의 역할도 변화하고 있다.

세계경제포럼은 지난해 10월 새로 매니페스토를 발표했는데, 여기에는 "(기업은) 미래 세대를 위한 환경, 우리가 사는 세계의 청지기 역할을 한다. 우리의 생물권을 보호하고 순환

형, 공유형, 재생형 경제를 옹호한다." "실적은 주주환원뿐만
아니라 환경, 사회, 바람직한 경영 목표를 어떻게 달성하는지
에 대해서도 측정해야 한다."라는 항목이 들어갔다.

　기업이 환경을 보호해야 하고 후손들이 살아갈 뭍의 생
태계를 보전해야 한다는 것이다. 실질적인 방법이 없다는 비
판도 있을 수 있지만, 기업의 사회적 역할에 환경을 연결하는
언급은 상당히 의미 있다고 생각한다.

　기후위기가 몰고 올 어마어마한 경제적 손실을 생각한
다면, 우리의 경제관도 기업의 철학도 이제는 변해야 하지 않
을까.

코로나19는 시작에 불과하다

코로나19로 전 세계가 고통에 신음하고 있다.

다행히 한국은 바이러스에 빠르고 체계적으로 대응해서, 내 일상은 크게 바뀌지 않았다. 행사나 미팅, 강연회 일정은 취소되었지만, 촬영 일정은 오히려 늘어 바쁘게 보냈다. 바뀐 것이라고는 마스크를 매일 쓰게 되었다는 것 정도일까.

나는 코로나19가 발생하기 이전에 이미 마스크를 많이 사두었다. 미세먼지 때문이었다. '대기오염 때문에 산 마스크를 바이러스 때문에 또 쓰네?' 마스크를 쓸 때마다 아이러니하게 느껴졌다.

세계보건기구와 IPCC는 기후위기로 인해 앞으로 감염병이 더 자주 닥칠 것이라고 경고했다. 코로나19는 어떻게 보면 기후위기로 인해 우리가 겪을 일의 극히 일부일 뿐이다.

환경보건시민센터에서 발표한 '코로나19 사태 관련 긴급 국민의식 조사 결과'를 보면 응답자 84.6%가 코로나19의 근본 원인이 기후위기라는 데 동의했다고 하는데, 근본 원인으로 지목된 기후위기 해결을 위한 노력은 전혀 보이지 않는 것 같다.

일례로 코로나19가 확산하면서 일회용품 사용은 오히려 늘었다고 한다. 나도 며칠 전 카페에서 텀블러에 음료를 담으려다가 거절당했다. 외부에서 가져온 텀블러는 받지 못한다는 것이다. 일회용 컵에 담거나 머그잔에 담은 음료를 옮겨 담으라고 했다. 아예 처음부터 묻지도 않고 일회용 컵을 주는 곳도 상당했다.

우리는 기후위기에 전혀 준비되지 않은 듯하다. 우리의 경제 모델 자체가 너무 융통성이 없는 것 아닌가 하는 생각도 한다. 가능하면 이 계기를 통해서 자연의 회복 능력을 고민하고, 조직이나 제도에서도 기후위기에 대응할 유연함을 갖추면 좋겠다. 이런 재난은 기후위기가 몰고 온 변화의 일부로, 향후 반복될 것이다. 이런 생각은 해봐야 암울할 뿐이니, 이를 현실로 받아들이지 못하는 것 같다.

이번 일로 인수공통감염병에 관한 관심이 환기되었지만, 사실 대부분 바이러스는 인수공통감염병이다. 대부분 동물에서 시작해 동물과 사람의 접촉으로 감염된다. HIV(에이즈를 유발하는 바이러스)도 본래는 중앙아프리카의 다른 영장류가 갖고 있던 것으로, 사람에게 전파되었다.

앞으로 기후위기가 계속되면 빙하와 영구동토층이 녹으면서 그 안에 있던 박테리아가 노출될 것이고, 부패가 지연되거나 멈춰있던 동식물 사체의 부패가 진행될 것이다. 그러면 사체 안에 동결되었던 수백 년, 수천 년 전의 박테리아나 바이러스가 밖으로 나오며 또 다른 전염병을 불러올 수 있다. 시공간으로 단절된 서로 다른 생태계가 갑자기 부딪치고 충돌하는 것이다.

  제국주의 시대, 유럽인들이 아메리카로 건너가면서 퍼뜨린 천연두와 홍역으로 원주민들이 죽음을 당했다. 천연두와 홍역에 관한 면역력이 없던 원주민들은 낯선 균의 침투로, 유럽인들의 직접적인 학살 이전에 이미 모살에 가까운 타격을 받았다. 극지의 박테리아와 바이러스가 기후위기로 인하여 노출되면, 유럽인들이 아메리카로 건너갔을 때와 같은 충돌이 생길 수 있다. 다만 이번에는 우리가 원주민이다.

  서핑으로 유명한 하와이에서는 몇 년 전부터 서핑 전 피부 상처 여부를 확인해야 한다고 한다. 바다 온도가 올라가면서 전에 없던 박테리아가 출몰했기 때문이다. 박테리아가 상처를 통해 침투할 수 있기 때문에 상처가 있는 상태에서 바닷물에 들어가는 게 좋지 않단다.

  기후위기를 전면에서 맞고 있는 우리는 기온 상승에 의한 리스크를 고민해야 한다. 벌레나 박테리아의 서식지가 확장되거나 영구동토층이 녹으면서 새로운 균과 박테리아가 전파되는 위험 말이다.

우리에게 타격을 줄 수 있는 위험에 대비해 시스템 설계를 다시 해야 한다. 우리에게는 이미 일어난 일에 집착하는 습관이 있다. 그보다 더 필요한 건 향후 만들어갈 것에 관한 고민이다. 코로나19가 우리 시스템을 다시 점검하는 기회가 되었으면 한다.

누구나 환경 난민이 될 수 있는 세상

키리바시Kiribati라는 국가가 있다. 태평양 중부 길버트 제도와 라인 제도, 피닉스 제도의 33개 환초 섬으로 이루어진 공화국이다. 키리바시의 해발고도는 1.5m 남짓으로, 해수면 상승으로 키리바시의 많은 섬은 이미 바다에 잠겨 버렸다.

키리바시공화국 정부는 2014년 피지의 한 섬을 한화 약 88억 원을 주고 사들였다. 이유는 하나, 살 곳을 잃은 국민들을 보내야 했기 때문이다.

기후위기로 인한 침수는 우리에게 친숙한 대도시에도 예견된 일이다. 지구 기온이 2℃ 오르면 마이애미, 상하이, 보스턴 등 도시 상당 부분이 물에 잠긴다는 예측이 나오고 있다. 지구 기온은 이미 1℃ 올랐고 남은 1℃가 도시의 운명을 좌우한다. 해수면이 오른다는 건 단순히 바닷물 수면이 높아진다는 것만 의미하지 않는다. 지하수도 해당한다. 해안 지역 도시의 지하 시설이 침수되거나 지하수가 오염될 가능성도 높다. 물을 못 마시면 그 도시에서는 살 수 없으니 도시가 붕괴하는 것이다.

지구의 평균 기온 상승을 산업화 이전 수준 대비 2℃ 이하로 지킨다는 파리협정의 목적을 이루더라도 막심한 피해를 피할 수 없지만, 솔직히 현재 여러 기관이 예상하는 해수면 상승은 매우 보수적인 수치이며 우리가 2℃ 안으로 기온 상승을 제어할 수 있다는 보장도 없다.

그래서 연해 지역 도시들은 이미 준비에 나서고 있다. 보스턴은 20세기에 들어 해수면이 약 23cm 올랐기 때문에 특히 경각심을 갖고 움직이고 있다. 보스턴의 마티 월시 시장은 연간 예산의 최소 10%를 예방 기술과 사업에 투자하겠다고 발

© Hrvoje

시리아 난민 문제는 기후위기가 야기할
현실의 극히 일부에 지나지 않는다.
기후위기로 인해 우리 누구나 환경
난민이 될 수 있는 세상이 열렸다.

표했다. 환경 모델을 연구하고 있는 MIT 대학 연구원과 환경 전문 컨설팅 기업들은 많은 해안 도시에 지금 네덜란드와 같은 바다 방파제를 만들 필요가 있을 거라고 말하지만, 방파제 건설 비용은 보스턴에만 한정해도 14조 원이 넘는다. 이미 보스턴의 특정한 동네에는 해마다 해수면 상승과 태풍으로 인하여 홍수 피해가 잦아지고 있다.[5]

기후위기는 이미 시작되었다. 그 영향은 동식물 서식지의 이동이나 해수면 상승 같은 문제뿐 아니라 내전 같은 인간사에도 지대한 손길을 뻗치고 있다. 시리아 내전 같은 경우를 종파간 분쟁Sectarian violence이라고 하고, 정치와 사상의 충돌 문제로 본다. 물론 그런 문제가 있지만, 분쟁이 생기는 규모 자체는 전체 틀에 영향을 받는다.

시리아는 2007~2010년에 사상 가장 심각한 가뭄을 경험했다. 1990년대까지만 해도 자급자족이 가능했던 시리아는 식량을 수입에 의존할 수밖에 없었다. 설상가상으로 밀을 수입하던 러시아에 2010년 가뭄이 들면서 밀가루 가격까지 폭등했다. 자국 내에서 식량 생산이 어려울 뿐 아니라 식량 수입까지 가로막힌 악조건에 빠진 것이다. 식량을 구할 수 없는 농민들이 대거 농촌을 버리고 도시로 몰리면서 온갖 갈등이 촉발되었고, 내전으로 이어지면서 사상 최대 난민이 발생했다. 내전으로 인하여 실향은 피할 수 없었지만, 그 많은 사람이 한꺼번에 난민이 되고 만 것은 시리아에 마실 물과 식량이 부족했기 때문이었다. 시스템이 붕괴하고, 그 기반에 깔린 생태계도 지탱해주지 못했기 때문에 사람들이 더 버틸 수 없었던 것이다. 900년 만에 가장 심각한 가뭄에 직면한 데다[6] 전쟁까지 발발하면서 시리아에서 경작이 가능한 땅은 기존의 4분의 1로 줄었다. 환경 변화로 인한 난민 문제는 계속되고 확대될 것으로 예상된다.[7]

시리아 난민 문제의 배경에는 기후위기가 자리 잡고 있다. 그걸 우리와 상관없는 일, 우리와 멀리 있는 일이라고 볼 수 있을까. 당장 유럽 각국에 시리아 난민을 얼마나 받아들일 것인가 하는 문제가 발생했고, 전 세계에는 국가주의가 강화되고 외국인 혐오가 고개를 들었다.

시리아 난민 문제는 기후위기가 야기할 현실의 극히 일부에 지나지 않는다. 기후위기로 인해 우리 누구나 환경 난민이 될 수 있는 세상이 열렸다.

2장

다가올 미래는 예전과 같지 않다

이전의 데이터는 틀렸다

"꿈이 뭐예요?"

한국에서 방송하면서 꿈에 관한 질문을 자주 받는다. 나는 이 질문을 받을 때 조금 짜증이 나는데, 왜냐하면 한국에서 꿈이 뭐냐는 질문은 진짜 꿈이 뭐냐고 묻는 게 아니기 때문이다. 그건 꿈이 아니라 진로에 관한 질문이다. 내가 무엇이 되고 싶은가를 묻는.

초등학교에서도 나중에 뭐가 되고 싶은지, 부모님은 무

엇이 되라고 하는지 적는 일도 있고 생활기록부에 적히는 경우도 있다고 하는데 왜 이게 정해져 있어야 한다고 생각하는지 알 수 없다. 진로란 자주 바뀔 수 있는 것인데 말이다.

나는 꿈 주제로 강연을 할 때면 '파일럿 테스트'를 강조한다. 안정적인 직업, 사람들이 선망하는 것을 따라갈 게 아니라 직접 부딪쳐 보면서 내가 하고 싶은 것, 하기 싫은 것, 잘하는 것과 못하는 것, 이룰 수 있는 것과 이루기 어려운 것을 알아가야 한다는 이야기이다. 그건 많이 부딪쳐 보고 실험해 봐야 알 수 있다.

젊은 세대가 살아갈 세상은 이전 세대가 살았던 세상이 아니다. 지구 기온의 상승으로 모든 기반이 달라졌고, 앞으로도 계속 달라질 것이다.

한국에서는 젊은 세대에게 대기업이나 공무원의 길을 장려하는데, 미국에서도 젊은 세대에게 "너 왜 이거 안 하고 있어? 이거 해야 해."라며 이야기하는 게 있다. 재산의 몇 %는 주식에 투자해야 한다는 이야기이다.

그런데 중요한 것은 그 공식이라는 게 다 이전의 수치에 기반한 결과라는 점이다. 우리는 경제를 추산할 때 생태계에 입히는 손해는 계산하지 않는다. 소고기 한 팩을 살 때, 그 가격에는 환경이나 건강 등 우리에게 되돌아오는 손해는 포함되어 있지 않다. 송아지가 성장하고, 도살되고, 포장된 후 유통되고, 계산대를 넘어와서 바구니에 담기거나 집에 배송돼 식탁에 오를 때까지 소고기 한 팩이 얼마나 많은 기후위기를 야기했는지, 그게 우리에게 어떻게 돌아올지 그 값은 제외된 가격만 생각한다.

기존에 산정한 데이터는 이제는 틀린 게 되었다. 한 예로 기성 세대는 은퇴 후 바닷가 주택을 사서 유유자적 보내는 걸 지향했지만, 현재 미국에서는 해수면 상승 위험으로 일부 해안 지역의 부동산 시장이 이미 침잠하고 있다.

그러니 이전 세대가 조언해주는 전략, 그려주는 미래의 그림이 우리가 사는 세상에 맞는다는 보장은 전혀 없다. 미래 계획을 이제는 한 발짝 물러서서 바라봐야 한다.

우리는 너무 작다는 말

환경에 관한 강연을 다니면서 가장 많이 접하는 반응은 현실 부정이다. 해결하기 어려운 문제를 받아들이는 건 누구에게나 힘든 일이다.

기후위기는 인류가 단 한 번도 겪어 보지 못한 일이고, 예상할 수도 없다. 우리가 동식물에 관해 관찰해서 실험하고 알게 된 모든 지식, 인류 사회가 만들어낸 모든 정치·경제 시스템, 인간이 만들어 온 모든 상품은 생태계가 변함이 없을 것이라는 전제로, 생태계를 기반으로 구축하고 이용해 온 것들이다. 하지만 이제는 그 기반이 달라졌다. 이제는 바닥이 떨어져 나간 집, 발 디딜 바닥이 없는 집에서 지내야 한다.

강연할 때도 그렇고, 지금 이 책을 쓰고 있는 순간에도 사람들이 귀를 안 기울이고 마음을 닫아버릴까 봐 걱정된다. 말을 과하게 한다고, 부풀려 말한다고 이야기할지도 모른다. 그렇게 마음을 닫는 순간, 우리 미래가 결정되고 해결할 수 없게 될까 봐 더욱더 무서워진다. 그렇다고 해서 낙관적으로 보고 완곡하게 표현하면, 사람의 마음이란 '괜찮겠지' 식으로 게을러지고 별의별 핑계를 다 찾게 된다.

어떻게 보면 우리는 참 나약해서 존재를 위협하는 위기가 닥쳤을 때 눈을 감는 경우가 많다. 니힐리즘이랄까, 그냥 포기랄까.

실제 환경 관련 강연을 할 때 가장 많이 듣는 말은 "한국은 환경 문제를 해결하기에 너무 작다. 다른 나라가 나서야 한다." 식의 반응이었다. "한국은 영향을 많이 안 미치는데 미국은, 중국은, 인도는⋯." 이렇게 나오는 것이다. 물론 상대적으로 평가했을 때 말이 될 수 있지만, 기후위기는 상대적인 문제가 아니라 절대적인 문제이다. 기후위기는 국경에 국한되지 않는다. 가해자, 동조자, 관찰자에 구분을 두지 않는다. 결과적으로 모두가 피해자가 될 뿐. 게다가 한국의 책임은 절대 작다고 할 수 없다.

지구 생태용량 초과의 날Earth Overshoot Day이라는 게 있다. 인류가 지구 자원을 사용한 양과 배출한 폐기물 규모가 지구의 생산 능력과 자정 능력을 초과하는 날이다. 지구 생태용량 초과의 날은 인류가 그해에 주어진 생태 자원을 그날까지 모두 사용했다는 걸, 이후부터 연말까지는 미래 세대가 사용할 몫을 가져다 쓰는 셈이라는 것을 뜻한다.

1970년대 초반만 해도 인류는 지구의 생태용량을 초과하지 않았다. 2000년에는 지구가 1년 동안 제공할 수 있는 생태용량을 10월이면 다 소진할 지경이 되었다. 나머지 3개월은 미래 세대가 사용할 용량을 끌어다 쓴 것이다. 지구 생태용량 초과의 날은 2016년 8월 8일, 2019년은 7월 29일로 점점 앞당겨지고 있다(2020년은 코로나19의 영향으로 이례적으로 늦춰졌다. 2020년의 지구 생태용량 초과의 날은 8월 22일이다).

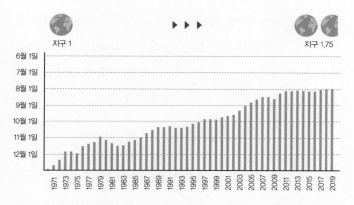

글로벌생태발자국 네트워크에서 매년 발표한 '지구 생태용량 초과의 날'. 지구의 생태용량 초과의 날은 점점 앞당겨지고 있다.

출처: 글로벌생태발자국 네트워크(National Footprint Accounts 2019)

2019년 기준으로 미국의 생태용량 초과의 날은 3월 15일, 한국은 4월 10일로 다른 나라의 수준을 훨씬 웃돈다. 전 세계 모든 사람이 한국 사람들처럼 먹고, 입고, 에너지를 사용한다면 1년 동안 3.7개의 지구를 사용하게 되는 셈이다. 전 세계 평균이 1.75개로, 이것은 곧 한국에 사는 사람들이 세계 평균보다 2배 이상 환경 파괴에 참여하고 있다는 뜻이다.

은행에서 돈을 빌리지 못하면 다른 은행, 다른 금융권을 찾아가면 그만이지만, 지구에 진 빚은 그럴 수가 없다. 지구는 하나뿐이기 때문이다. 지구가 더 이상 인류에게 생태 자원을 빌려줄 수 없다면 남는 선택지는 종말뿐이다. 지구 생태용량을 넘지 않도록 고민해야 하는 이유다. 한국은 3.7에 관해 어떻게 줄일 수 있을까 고민해야 한다.

생태용량 과소비는 초국가적인 현상이지만, 빨리 대응하는 국가에게 리더십의 기회가 생긴다. 한국의 코로나19 대응을 많은 국가가 벤치마킹한 것처럼, 생태용량을 줄이는 데 선진적인 대응을 하는 국가의 대응 방법도 세계가 팔로우하게 될 것이다.

지구 평균 온도가 6℃ 올라가면 생물 중 95%가 사라진다. IPCC가 2018년 채택한 '지구온난화 1.5℃' 특별보고서에 따르면 지구 기온은 10년에 0.2℃씩 증가하고 있다. 이대로라면 2030~2052년에 1.5℃ 상승을 피할 수 없다. 이미 지구 기온은 1880년대 산업화 이후 현재까지 1℃ 올랐다. 핑계를 댈 여유가 없다.

아직 위기가 아니라는 말은 핑계이다

2018년, 2019년 10대 학생들이 기후위기 행동을 촉구하며 등교를 거부할 때 세계 정상은 아이들이 너무 급진적이라는 식의 반응을 보였다. 트럼프 미국 대통령은 10대 소녀 그레타 툰베리에게 "분노 조절 장애"라며 비아냥거리기도 했다.

환경 문제가 어느 때보다 심각한 때에 트럼프 미국 대통령은 환경청의 수장으로 반환경주의자를 앉혔다. 또 환경 규제 뒤집기와 정책 후퇴로 최악의 반환경 정부를 완성했다.

내가 봤을 때 기후위기 해결에 중지가 모이지 않는 것은 비용 때문이다. 어떤 문제를 해결하기 위해서는 비용이 발생할 수밖에 없고, 어떤 경우이건 비용을 더 지불해야 하는 사람들은 "굳이 그래야 하나. 너희들이 너무 과하게 이야기해서 문제가 되는 거 아니냐?" 하는 식으로 방어적으로 나오게 되어 있다. 어떤 말을 갖다 붙이든 핵심은 그냥 돈을 들이고 싶지 않다는 것이다.

간단한 문제인 것 같지만 표현 방식은 여러 가지이다. 대기업이나 석유 회사, 기업 과세를 줄이고 싶어 하는 공화당이나 보수파들은 날이야 좀 따뜻해져도 된다, 기후위기 이슈는 중국의 꼼수(트럼프 미국 대통령은 기후위기를 중국의 음모라고 주장한 적이 있다)라는 식의 이상한 말을 하기도 하고.

얼마 전 나는 미국 민주당 경선 토론을 시청했다. TV 토론이 끝나고 〈뉴욕타임스〉에서 누가 어떤 말을 이용해 토론했는지 분석했는데 기업이 선거자금을 대면 안 된다고 언급한 후보들은 모두 기후위기를 이야기하는 데 시간을 할애했다. 하지만 기업이 선거자금을 줘도 된다는 입장에 있는 후보들은 단 한 사람을 빼고는 기후위기를 언급도 하지 않았다.

기업으로부터 선거자금을 받아야 하는 정치인이라면 기업의 입장을 대변할 수밖에 없는 것이다. 그리고 그 기업의 입장이란 자명하다. 기후위기 같은 데에 먼저 나서서 돈을 들이고 싶지 않다는 것이다.

가장 저렴한 것이 아니라 가장 좋은 것

내가 고등학생일 때는 학생들 사이에 중고 옷을 입는 게 상당히 유행했다. 새 옷을 사지 않고 남이 입다가 필요가 없어 내놓은 옷을 찾아 입었다.

요즘은 패스트 패션이라고 해서 유행에 따라 빠르게 찍어내는 옷이 상당히 많다. 가격은 저렴하지만 오래 입을 수 없다. 몇 번 입으면 망가지기 십상이라 옷을 자주 사야 한다.

패션이 환경에 미치는 영향은 상당하다. 수질오염의 20%,

바다에 유입된 미세 플라스틱의 20~35%, 온실가스 배출량의 최소 6% 이상이 패션 산업에 의한 것이다.[8] 청바지 한 장을 만드는 데에는 물 7,000L와 다량의 화학 약품이 사용된다.

오염이 가격에 포함되어 있지 않기 때문에, 사람들은 소비자 가격만으로 판단해 '더 저렴한' 옷이라고 생각하지만 그건 속임수다. 몇 번 입고 버리는 옷은 그만큼 더 환경을 오염시키며, 우리에게 더 비싼 대가를 요구한다.

이걸 해결하기 위해서는 소비의 기준치를 올려야 한다. 음식을 먹을 때는 이게 건강에 좋은지, 옷은 오래 입을 수 있는 좋은 품질의 옷인지를 고려해야 한다.

가공식품이 싸다고 가공식품만 먹었다가는 소화기가 망가져 각종 병에 걸릴 수 있다. 그건 음식물의 가격에 '건강'이라는 비용을 계산하지 않았기 때문에 일어난 일이다. 그 순간에는 저렴하다고 하지만 나중에는 더 비싼 비용을 치러야 한다.

화력 발전이나 원자력 발전을 옹호하는 논리 중 하나는

생산 비용이 저렴하다는 것이다. 재생 에너지 생산 비용이 많이 드는 건 그만큼 우리가 그 기술에 투자하지 않았다는 말이기도 하다. 지금 당장은 원자력 발전으로 전기를 생산하는 게 쌀 수도 있다. 그렇다고 원자력 발전소를 짓는다면 어떻게 할 건가. 그 폐기물을. 그걸 처리하는 비용과 방사능 여파를 줄이기 위해 드는 막대한 시간과 혹시라도 사고가 발생했을 때 입을 수 있는 타격은.

게다가 발전소 수명이 다하면 해체해야 하는데, 그 비용은 가히 천문학적이다. 버몬트 양키 원자력 발전소의 경우 2014년 폐쇄 준비에 들어가 2075년 폐로를 완료하는 것을 계획하고 있다. 여기에 드는 비용이 약 12억 4271만 달러에 달한다. 한국 돈으로 약 1조 4970억 원이 넘는 돈이 원자력 발전소 폐쇄에 들어가는 셈이다.[9]

왜 우리는 재생 에너지로의 과감한 전환을 하지 못하는가. 가끔은 그게 너무 화가 난다. 한국은 기술이 없는 것도 아니고 문제를 해결하고 싶으면 못 하는 것도 아니다. 동양에서 재생 에너지 리더십을 보여줄 수 있는 국가가 바로 한국이다. 왜 재생 에너지로의 과감한 전환을 하지 못하는지 답답하다.

당장 싸게만 살아가는 데 골몰했다가는 돌아오는 결과가 뻔한데.

기업은 현재 생산 비용을 기준으로 "원자력이 더 좋아요." 라고 할 수 있겠지만, 우리는 생산하는 사람이 아니라 쓰는 사람이다. 쓰는 사람에게는 가장 싼 게 필요한 게 아니다. 가장 좋은 게 필요하다.

분리수거만 잘하면 충분할까

사람들과 이야기할 때마다, 환경 관련 행사에 갈 때마다 환경을 위해서 무엇을 하고 있느냐는 질문을 하면 "분리수거 잘하고 있어요."라는 대답이 돌아온다. 조금 더 나아가면 전기를 아끼기 위해 외출할 때 플러그를 뽑고 나온다거나, 음식물 쓰레기를 잘 분리배출하고 있다는 답이 나온다.

한국 사람들은 정말로 분리수거를 잘한다. 음식물 쓰레기도 잘 분리배출한다. 달걀 껍데기, 수박 껍질, 자두 씨앗, 대파 뿌리는 일반 쓰레기, 먹을 수 있는 것은 음식물 쓰레기봉

투…. 헷갈리는 음식물도 정말 꼼꼼하게 분류해서 버린다.

하지만 그 음식물 쓰레기가 어디에 사용되는지에는 별로 관심이 없는 것 같다. 한국에서 음식물 쓰레기의 절반 정도는 동물 사료로 사용된다. 세계식량기구FAO에 따르면 축산업은 온실가스의 18%를 배출하는, 사실상 환경을 망치는 주범 산업이다. 퇴비화가 환경을 위한 더 나은 선택인데도 퇴비화를 요구하는 목소리는 거의 들리지 않는다.

우리가 분리배출한 플라스틱이 사실 그렇게 많이 재활용되는 게 아니라는 것도 불편한 진실이다. 우리가 분리배출한 플라스틱 포장재 중 14%만 재활용을 위해 수거된다고 한다.[10] 게다가 플라스틱의 재활용 횟수는 우리가 생각하는 만큼 그리 많지 않다.

또 전기 아끼기보다 더 중요한 건 우리가 쓰는 에너지가 기후위기를 야기하는 화석 연료에서 나온다는 사실이다. 에너지를 아껴 쓰는 것도 좋지만, 에너지 생산 방식을 바꾸는 것이 더 효과가 크다.

분리수거, 분리배출, 전기를 아껴 쓰는 것, 기본이지만 그것으로는 충분하지 않다. 이것이 어떤 시스템 속에 있는 것인지 확인하고, 그 시스템이 지속가능한 구조인가를 따져야 한다.

사람들은 불편한 진실은 받아들이기 힘들어한다. 그러니 "나는 분리수거도 잘하고, 음식물 쓰레기도 잘 분리배출하니까 괜찮아." "그래도 한국이 가장 큰 환경범은 아니잖아?" 식으로 핑계를 대고 싶어 한다. 환경에 관해 이야기하는 사람에게 "그러는 너는 뭘 한다고." 식으로 공격하기도 한다.

실제 나도 그런 공격을 받는다. 2018년 4월 나는 트위터에 "화력 발전소 좀 그만 짓고 그만 돌리고 걱정 없이 숨 쉴 수 있는 한국이 됐으면 좋겠다."라고 쓴 적이 있다. 바로 "너희 나라로 돌아가라."는 등 댓글이 달렸다.

상당히 차별적인 반응이었지만, 거기에 관해서 지적하는 사람은 없었다. 물론 한국이 아니라 다른 나라에도 그런 사람이 있다. 나는 한국에서 비자를 받고, 세금도 내고, 한국인도 채용해서 함께 일하고 있다. 싫은 소리를 했다고 돌아가라는 사람은 여권이 다르니 네 의견은 없어야 한다는 것일까. 그럼 내 국적이 한국이었다면 나를 욕하지 않았을까. 어째서 본질적인 문제나 메시지가 아니라 메신저를 공격하는 데 더 관심을 쏟을까.

이해할 수 없는 반응에 신경을 쏟고 싶지 않다. 지금 상황이 얼마나 절박한데, 고작 목소리 내길 주저하겠는가. 내가 완벽하지 않다는 게 목소리를 못 낼 이유는 되지 않는다고 생각한다.

환경 문제는 너무 크고, 너무 절박하고 너무 막막하니까 조금이라도 앞으로 갈 수 있으면 좋은 것이다. 완벽하지 않더라도. 나도 출판사 상대로 "그러니까 FSC 인증 종이를 사용하라." 이렇게 강요하고 돌아다니지만, 처음부터 그렇게 찍어주는 곳은 없다. 조금이라도 거기에 가까워진 것이라면 생각해보는 것이다. 완벽할 수는 없다. 완벽한 것도 필요 없다. 다만 깨어 있고 그 방향으로 계속 가는 게 중요하다.

지금 상황이 얼마나 절박한데,
고작 목소리 내길 주저하겠는가.
내가 완벽하지 않다는 게
목소리를 못 낼 이유는 되지
않는다고 생각한다.

책임에도 정도가 있을까

환경 강연을 하면서 우리나라는, 우리는, 나는 책임이 없다는 식의 반응을 많이 접한다. 전 세계적으로 국가의 프레임으로 보고 평가하는 습관이 구석구석 껴 있고, 그것이 모두의 감각을 흐리게 하고 있다.

자연에는 국경선이 없다. 국가는 사람이 만들어놓은 장치일 뿐이다. 환경 문제만이 아니라 우리가 관계를 맺고 살아나가는 모든 것은 연결되어 있다.

아침에 씻고 옷을 입을 때 파키스탄에서 만든 속옷을 입고 중국에서 만든 양말을 신는다. 베트남 공장에서 생산된 프랑스 브랜드 티셔츠를 입는다. 휴대폰의 통신사는 한국이지만, 기계 부품은 중국과 베트남에서 오는 식이다.

우리가 소비하는 모든 것들이 국경선을 넘어 전 세계로 연결되어 있다. 불 켤 때 쓰는 불빛의 연료는 92%가 해외에서 들어왔고, 우리가 먹는 식자재도 글로벌 잔치이다. 그 모든 것들이 무역선에 항공기를 통해 에너지를 쓰면서 오가고, 제품을 생산하는 사람도 똑같이 주문해서 쓰고 먹으면서 경제가 하나로 녹아 돌고 있다.

나는, 한국은 책임이 없다고 생각하기 쉽지만, 실제는 그렇지 않다. 우리가 끓여 먹는 라면 하나에도 오랑우탄이 살던 숲을 파괴하고 재배한 팜유가 들어있다.

여권도 국적도 우리 책임을 덜어줄 수는 없다. 지구는 하나일 뿐이고, 지구를 망치는 생물종은 사람이기에, 우리에게 잘못이 있다는 것이다.

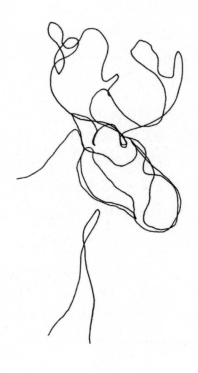

더 많이 갖고 더 잘 살려고 한 욕심이
결국 생태계를 망친 것이다. 그 원인,
그 욕심은 어느 한 사람에게만 있는
게 아니라 우리 모두에게 있다.

물론 우리가 범인이 아니라고 말할 수 있다. 그렇다. 범인은 아니라고 치자. 더 큰 범인이 있으니까. 하지만 그렇다고 아무런 잘못이 없다는 것, 행동을 취하지 않아도 된다는 것은 핑계일 뿐이다.

폭력이 눈앞에 벌어지는데 아무것도 안 하면 방조죄이다. 우리는 우리 땅이 물에 잠기고 숲이 불타며 동식물이 멸종해 결국 우리 숨통을 조이는 현실을 방조하고 있다. 어떡할 줄 몰랐다고 해도 방조한 것이고, 범행을 돕는 줄 몰랐다고 해도 이미 동조한 것이다.

우리는 잘못을 퍼센티지로 따지면서 발을 빼고 싶어 하지만, 잘못은 있거나 없거나 하는 문제이다. 죄는 유무의 문제이며, 정도를 따지는 건 형을 선포할 때나 필요한 것이다.

버몬트에 있을 때 생태계 수업에서 사냥의 비유를 배웠다. 옛날 어느 마을에 늑대가 있었는데 농부의 닭을 잡아먹어 손해를 끼쳤다. 농부가 늑대를 죽이고 쫓아낸 결과, 농부의 닭은 무사했지만 사슴 개체수가 폭등하고 밭의 농작물이 피해를 입게 되었다. 그래서 그 마을에는 사슴 사냥이 전통이 되었다.

사슴 개체수가 많아져서 농사도 안 되고, 생태계에서도 다른 생물종이 생존경쟁에 밀리면서 멸종 위기에 처했기 때문이다. 늑대가 다시 나타나지 않는 한 사슴 사냥이 장려될 수밖에 없다.

이 이야기를 하면서 늑대에게 잘못이 있느냐고 물으면 다들 아니라고 한다. 그럼 사슴에게 잘못이 있느냐고 물으면 대부분 이렇게 답한다. "사슴이 많아진 건 잘못된 것이고 사냥해야 하지만, 사슴 탓은 아니야. 사슴으로 태어나고 싶어서 태어난 것도 아닌데 사슴이 불쌍해." 다시 "누구의 탓이냐?" 물으면 농부의 탓이라고 하는 사람이 많다. 늑대를 안 없앴으면 이럴 일이 없었다고.

그렇기는 하다. 하지만 농부가 왜 늑대를 쫓아냈는지 잘 생각해 봐야 한다. 늑대를 죽인 농부가 본인이 키우는 닭을 혼자 먹었을까. 농부에게서 닭을 사 먹는 사람들 모두가 늑대가 죽기를 바라고 늑대의 죽음을 방조했다. 그러지 않으면 늑대가 닭을 잡아먹어 닭 개체수가 줄어들고, 닭 가격이 오르기 때문에 내심 골칫거리를 제거하고 싶었던 것이다. 또 농부에게서 농작물을 사 먹는 사람들 역시 사슴이 죽기를 바랐기 때문에 사냥을 막지 않은 것이다. 사슴이 농작물을 망쳐서 농산물 가격이 오르면 안 되기 때문에.

결국 모든 생명이 이기적으로 자기의 번영을 위해서 행동하며 이런 일이 벌어진 것이다. 여기서 농부 외에 다른 사람들, 농부에게서 닭과 달걀과 농작물을 사는 사람들은 포함되지 않았다고 보는 건 협소하고 비논리적인 관점이다.

잘잘못은 따지지 않더라도 원인은 봐야 한다. 경쟁해서 더 가지겠다고, 닭을 싸게 사는데 늑대가 방해된다고, 호박을 싸게 사는데 사슴이 방해된다고, 더 많이 갖고 더 잘 살려고 한 욕심이 결국 생태계를 망친 것이다. 그 원인, 그 욕심은 어느 한 사람에게만 있는 게 아니라 우리 모두에게 있다.

미세먼지라는 나쁜 표현

환경에 관한 용어는 현실을 정확히 반영하고 있을까?

우리가 일상적으로 쓰는 말뜻은 과학자 혹은 정치인이 의도하는 것과 다를 수 있다. 예를 들어서 지구온난화Global warming라는 말은 영화 〈불편한 진실An Inconvenient Truth(2006)〉이 나오면서 퍼져나가고 이슈가 되었는데, 그때 미국 보수파가 반응한 것은 "아니, 여기에 눈이 오는데!" 하는 거였다. 지구온난화라면 모든 것이 다 따뜻해져야 한다는 식으로 아주 단순하게 받아들인 것이다. 그러니 "지금 눈이 오고 이렇게 추운데

허무맹랑한 소리를 한다."는 반응이 나오는 것이다. 지구가 뜨거워진다는 건 지구의 평균온도를 말하는 것이고, 상승한 기온의 절반 이상이 바다에 누적되니까 사람이 직접 느끼지 못한 것이다.

그래서 그 표현을 기후변화Climate change로 바꾼 것인데, 기후변화라는 표현은 "음? 기후변화? 나쁘지 않은데. 기후는 원래 계속 변하니까." 이런 식으로 그리 심각하게 받아들여지지 않는다. 사람들은 날이 좀 더 따뜻해지는 게, 눈이 안 내리는 게 뭐가 문제냐는 식으로 상당히 단순하게 받아들이는 경향이 있다.

근래에는 기후변화라는 용어가 우리가 처한 실제 위기 상황을 드러내지 않는다며 기후위기Climate Crisis라는 표현을 쓰자는 주장도 나오고 있다. 나도 기후변화보다 현실의 심각도를 드러내고 꾸밈없는 표현이 필요하다고 생각한다.

솔직해지기 위해 바꿔야 할 표현은 또 있다. 미세먼지와 초미세먼지다. 둘 다 정말 잘못된 표현이다. 대기오염인데 왜 먼지라고 부를까? 오염된 공기를 마시는 것과 먼지를 마시는

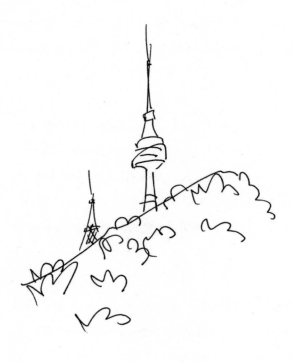

먼지 있는 집에서 살 수 있지만,
오염된 집에서 살 수는 없다.
살 수 있다고 믿고 싶어도 결국
오래는 살 수 없는 게 사실이다.
마음껏 마실 수 있는 깨끗한
공기가 그립다.

것은 심리적 반응이 다른데 말이다.

사전적으로 미세먼지와 대기오염의 차이는 무엇일까. 미세, 대기를 빼면 오염과 먼지인데 먼지는 말 그대로 '가늘고 보드라운 티끌'을 의미한다. 자연스럽게 집에 쌓이는 것, 늘 함께하는 것, 어쩔 수 없는 존재…. 문제의식이 전혀 담기지 않은 표현이다.

반면에 오염은 '더럽게 물듦 또는 더럽게 물들게 함'을 의미하는, 상당히 부정적인 말이다. 명백한 문제를 문제의식 없는 말로 표현하는 건 사람들이 문제를 인정해야만 하는 현실이 닥쳤음에도 그것을 얼마나 외면하고 있는지 보여준다.

우리가 미세먼지라고 부르는 것들은 '가늘고 보드라운 티끌'이 아니다. 바닷가에 흩날리는 고운 모래나 사막의 바람, 건조한 겨울철 날리는 눈가루 같은 것과는 거리가 멀다. 미세먼지는 대부분 인위적인 요인에 의해 발생한다. 주로 자동차나 화력 발전소 등에서 연료를 태우면서 만들어지며, 그 성분도 대부분 황산염, 질산염, 탄소류와 검댕 등으로 구성돼 있다.

미세먼지는 세계보건기구WHO에서 2013년 1군 발암물질로 규정한, 사람 몸에 질병을 유발하는 물질이다. 질병관리본부 등도 미세먼지에 노출되면 폐암, 뇌졸중, 허혈성심질환 등 질병 위험도가 높아진다고 밝히고 있다.

먼지 있는 집에서 살 수 있지만, 오염된 집에서 살 수는 없다. 살 수 있다고 믿고 싶어도 결국 오래는 살 수 없는 게 사실이다. 마음껏 마실 수 있는 깨끗한 공기가 그립다.

탄소 배출 어떻게 줄일 수 있을까

하버드대학교 생물학자 에드워드 윌슨Edward O. Wilson은 인류가 지금과 같이 자원을 소비한다면 금세기 말 생물종 절반이 사라질 수 있다고 경고했다.

암울한 이야기지만 이미 많은 과학자가 이와 같은 미래를 예견하고 있다. 이를 피하고자 IPCC는 전 세계가 온실가스 배출량을 2010년 수준에서 45% 감량해야 한다고 밝혔다. 기후 붕괴의 최후 저지선인 1.5℃ 상승을 막기 위해서는 탄소 배출량을 극도로 제한해야 한다는 것이다.

이런 문제는 국가와 기업, 개인의 자발적 노력을 기대하기 어렵다. 공동의 운명보다는 사적인 이익을 우선하는 이기적 동기가 있기 때문이다. 핵과 관련해서는 IAEA International Atomic Energy Agency라는 국제기구가 있어 각국이 원자력을 평화로운 목적으로 사용하는지, 핵 시설을 규정에 맞게 운영하는지 확인하는데, 탄소 배출에도 그런 독립적인 국제기구가 필요하지 않을까 싶다.

시급한 현실에 비해 탄소 배출 이슈는 대중적으로 체감되지는 않는 듯하다. 개개인이 탄소 배출을 체감하기 어렵기 때문이다. 우리가 생활하면서 어느 정도의 탄소를 배출하고, 그 탄소가 기후위기에 얼마만큼의 영향을 미치는지, 기후위기는 우리 삶에 얼마나 큰 피해를 입히는지 알 수 있는 정보가 턱없이 부족하다. 우리가 사용하는 상품, 방식이 환경에 어떤 영향을 미치는지 알 수 있는 신호도 없다. 당장 종이컵에 커피를 마시는 게 얼마만큼의 탄소를 배출하는지, 머그잔을 사용할 때와는 얼마나 다른지, 또 FSC 인증 종이를 사용한 종이컵에 마실 때와는 어떻게 다른지 알기 어렵다.

일반 종이컵과 FSC 인증을 받은 종이컵을 사용하는 것은 그 의미가 다른데, 우리 시스템 안에서는 인증제로밖에는 알려줄 수가 없다.

우리가 얼마만큼의 탄소를 배출하는지 알 수 있으려면 시스템이 잘 마련되어야 하고, 탄소 배출 정보를 쉽게 알 수 있어야 한다. 그러려면 일상 속에서 사용하는 상품에 표시해야 한다. 이도 없이 일상 속에서 우리가 탄소 배출량을 생각하는 건 어려운 일이다. 또 개개인이 그걸 힘들게 찾아야 하는 상황은 잘못된 것이다.

바이러스를 예로 들면 가장 잘 관리하는 지역에서 정보를 잘 공유한다. 또 상당히 어려운 문제도 쉽고 직관적으로 풀어 알리며 꼭 지켜야 하는 1, 2, 3번을 안내한다. 손을 자주 씻고, 사람과 가까이 있을 때는 마스크를 쓰는….

왜 환경에 관해서는 이런 게 나오지 않을까. 탄소 배출을 줄이기 위해서는 국가에서 핵심적인 실천 사항을 알려야 하고, 이것이 규정이나 캠페인을 통해 우리가 흔히 접하는 기업 생태계, 소비 생태계 안에 들어가야 한다. 그런 걸 너무 안 하는 것이다.

탄소 배출을 줄이기 위해서는 탄소 배출에 관한 정보가 널리 알려져야 한다. 그리고 소비자로서 선택을 할 수 있어야 한다. 우리가 사는 식품에는 소비자의 건강관리를 위한 칼로리가 표시되어 있는데, 왜 건강은 물론 우리 운명을 좌우하는 탄소 배출량에 대한 표시는 볼 수 없을까.

　　실제 상품이 얼마의 탄소를 배출하는지, 탄소발자국이 어느 정도인지 알려면 그 제품의 생산, 유통, 소비, 버려지는 과정까지 다 연구할 수 있어야 한다. 또 비교 연구도 가능해야 한다. 이 종이컵을 만드는 곳과 다른 종이컵을 만드는 곳을 비교해볼 수 있어야 하고 그러려면 종이컵을 만드는 회사가 문을 열어줘야 한다. 연구에 참여해줘야 하는데 그런 걸 기업이 자발적으로 하기는 어렵다. 그래서 그런 일이 이루어지도록 하는 정책 환경이 필요한 것이다. 탄소 배출 연구에 참여하지 않는다면 과세하거나 제재를 가해 기업이 탄소 배출량에 더 관심을 기울이고 정보를 공개하도록 해야 한다.

　　소비자에게 "네가 탄소 배출을 줄여야 하는데 어떡할 거냐?" 하는 태도에는 화가 나야 한다. 어떤 게 얼마만큼 더 나은 선택인지 정보를 알 수 없는 상태에서 개개인에게 대처를 바라는 건 정말이지 말도 안 되는 일이라고 생각한다. 정부와 기업의 책임을 개인에게 떠넘기는 것이 아닌가.

거꾸로 갈 수 있는 정부

미국은 파리기후변화협약 탈퇴 절차를 밟은 바 있다. 나는 대통령이 직접 파리기후변화협약 탈퇴 선언을 했던 나라에서 온 사람이다. 그래서 환경 문제에 관한 한 국가를 너무 믿으면 안 된다고 생각한다. 국가는 정치적인 주체이다. 개별 국가의 이익을 추구한다. 물론 국제적으로 손을 잡고 같이 협력해나가자 하는 순간도 있겠지만, 내 손이 불편해지는 순간 미련 없이 그 손을 놓는다.

환경에 관해서 협력해 무언가를 바꿔가자는 논의가 있고

담론이 있지만 실제로 해나가는 건 일부다. 그냥 말뿐이다.

기온이 바뀌면 어떤 곳은 불리해지고 어떤 곳은 유리해진다. 예를 들어 러시아 같은 국가는 기후위기가 진행되면 북극에 해상로가 열리고 부동항이 생긴다. 힘을 행사하고 경제 발전의 발판을 마련하기 위해서는 북극해가 겨울에도 얼지 않아야 한다. 한국의 교과서에도 러시아가 부동항을 찾기 위해 남하하는 내용이 등장하는데, 그들에게는 얼지 않는 해상로를 확보하는 게 지정학적 조건상 중요한 문제이다.

트럼프 정권의 미국 정부는 러시아와 유착했다는 의혹으로 대통령이 탄핵 위기를 겪었다. 트럼프와 러시아의 연관성은 선거 과정과 집권 초기부터 불거져 온 문제이다. 초대 국무부 장관이었던 틸러슨 엑손모빌 CEO는 러시아 정부로부터 북극해 자원 개발 허가를 받고 2013년 러시아로부터 우정훈장을 받은, 러시아와 밀접한 인물이었다.

트럼프 정부의 파리기후변화협약 탈퇴 배경 중 하나로 틸러슨 국무부 장관과 석유 회사의 압력도 지목되고 있다. 또 트럼프 대통령의 핵심 지지 기반인 러스트벨트(rustbelt, 미국 북부와 중서부의 공업지대. 자동차 산업으로 유명한 디트로이트, 철강산업으로 이름난 피츠버그 등이 여기에 속한다. 1970년대 이후 제조업체들의 이전 등으로 불황을 맞았다)의 자동차, 철강, 석탄 산업 종사자들의 마음을 사기 위한 처신으로도 분석된다.

석유기업과 정치인, 기술 기업과 군비 업체 등 특정한 국가 세력은 기후위기의 이면에서 이익을 보장받고 있다. 그냥 손을 잡고 잘되어 가고 있는 게 아니라 그 상황을 자기들에게만 행복하게 만들어가고 있다. 겉으로는 기후위기를 위한 어떠한 협력을 하고 노력을 하는 듯 말하지만, 조금만 깊이 들여다보면 실제로 별다른 노력을 안 한다는 민낯이 드러난다. 그게 핵심이다.

러시아에서 기후위기에 관해 왜 가장 낮은 예상 수치를 발표할까. WWF '지구의 미래'에서 향후 30년 동안 기후위기로 예상되는 각국의 GDP 손실액을 밝혔는데, 러시아는 10위권 밖의 비교적 적은 손실을 입을 것으로 예상되었다. 기후위기로 여타 국가가 막대한 GDP 손실을 입는 동안 러시아는 GDP 손실 리스크보다 오히려 해상로 개척과 자원 개발의 기회를 잡을 가능성이 크다. 만약 러시아가 기후위기로 피해를 입는 국가였어도 그렇게 기후위기의 위험도를 낮추고 무시하는 연구 결과를 내놓았을까?

왜 어떤 국가, 어떤 정치 세력은 기후위기를 외면하는가. 왜 어떤 사람들은 기후위기를 말하는 이들을 비난하는가. 이익과 입장은 결코 별개의 것이 아니다.

다행인 것은 미국 정권이 바뀌며 변화가 감지되기 시작했다는 것이다. 바이든 행정부는 파리기후변화협약에 복귀할 것을 선언했고, 완화했던 100건에 이르는 환경 규제를 바로잡을 예정이라고 발표했다. 2035년까지 청정 에너지 경제를 달성하겠다는 의지도 피력했다. 하지만, 국가의 입장도 언제든 바뀔 수 있다. 우리가 항상 긴장하고 지켜봐야 하는 이유다.

Green is the New Red

환경에 관해 이야기할 때 여러 부정적인 반응을 접한다. "너무 급진적이다." "너무 부정적으로 보는 거 아니야?" "그러는 너는 얼마나 환경을 위한다고." 등등.

환경에 관해 말하는 것만으로도 과하거나 이상한 사람으로 치부되는 경우가 상당하다. 심각한 이야기를 하는 순간 '너 뭐야?' 식으로 보는 것도. 의견이 있는 것 자체를 부정적으로 보는 것 같다는 생각까지 든다.

사실 환경운동가에 관한 부정적인 인식은 하루아침에 만들어진 게 아니다. 미국에는 '에코 테러리즘 eco-terrorism'이라는 개념이 있다. 예를 들어 동물실험을 하는 기업 앞에서 동물실험이 윤리적이지 않다고 시위하는 사람들이 있다면, 기업은 그 사람들을 고소할 수 있다. 기업의 수익에 손해를 입혔다는 것이다.

얼마 전 《Green is the New Red》라는 책을 읽었다. 환경과 관련해 정치를 바꾸려 하는 사람들이 어떻게 '급진파'로 낙인찍히는가에 관해 쓴 책이다. 기업을 비판하고, 소비를 자제하며 기업 이익을 위협하는 환경운동가와 동물복지운동가는 기업에는 눈엣가시일 수밖에 없다. 9.11 테러가 일어나면서 바로 이들을 내쫓을 핑계가 만들어졌다. '테러.'

9.11테러를 겪으면서 자유와 안보를 거래하는 상황이 되었는데, 이런 상황에서 '테러'라는 말을 붙여 놓으면 뭐든 그 활동을 단속할 여지가 생겼다. 그래서 실제로 에코 테러리스트에 관한 법률이 통과되었다. 환경단체에서 기업을 상대로 한 폭력적인 시위, 기업에 경제적 손실을 입히는 행위가 테러 범위 안에 포함된 것이다.

이런 문제는 환경범이거나 환경 문제를 해결하는 데 여력이 있는 자들이 환경 문제를 해결하고 싶지 않아 하기 때문에 벌어지는 것이다.

최근 몇 년 동안 십 대 학생들이 환경 문제에 목소리를 높이고 있다. 2018년 8월 그레타 툰베리의 '기후를 위한 등교 거부' 1인 시위를 시작으로, 2019년 3월에는 92개국 1,200여 단체가 시위에 참여했다. 얼마 전에도 인도네시아에서 12세 환경운동가가 뉴스에 등장했다.[11]

아이들이 학교에 가지 않겠다고 시위하고 미국의 십 대들이 청문회에서 발언하는데, 기성 세대는 "이 아이들은 급진파다."라며 낙인을 찍는다. 어이가 없는 상황이다. 아이들이 왜 그렇게 나설 수밖에 없는지, 그들이 빼앗긴 미래가 무엇인지에 귀를 기울여야 할 때다.

© Li-An Lim

아이들이 왜 그렇게 나설 수밖에 없는지,
그들이 빼앗긴 미래가 무엇인지에
귀를 기울여야 할 때다.

3장
어떻게 파산을 면할 것인가

현실을 직시해야 한다

기후위기를 해결하기 위해 가장 중요한 것은 현실을 직시하는 것이다. 가장 큰 문제이다. '어렵다.' '내가 어떻게 한다고 해결할 수 있는 게 아니다.' 이런 생각을 다 버려야 한다. '괜찮다.' '누군가가 해결해 줄 거다.' '이건 정부 책임이니 알아서 할 거다.' 이런 생각도 다 버려야 한다.

이대로 가면 멸망이라는 걸 받아들이고 우리가 할 수 있는 일을 상상해봐야 한다. 그게 뭘까.

텀블러 쓰기, 대중교통 타기, 불 끄고 나가기, 분리수거 하기…. 많은 사람이 이런 방법을 생각하겠지만 그런 것으로는 충분하지 않다. 이런 수준은 훨씬 넘어야 한다.

해결책은 분노에 있다. 우리는 지구온난화 문제를 이미 1950년대부터 알고 있었다. 또 환경이 파괴되고 있다는 것, 그것도 심각하게 파괴되고 있다는 것을 1970년대에도 알고 있었다. 그런데 수십 년이 흐르는 동안 어떤 일을 했을까? 석유기업과 석유를 이용한 다른 대기업들은 로비를 통해 업체를 띄우고 환경 이슈를 파묻는 일을 계속해나갔다. 기후위기가 거짓이라는 식의 날조된 연구를 발표하는 것도 서슴지 않았다. 심각한 환경 문제가 있다는 걸 알고 있음에도 말이다.

그럼 화가 나야 한다. 누군가의 사익을 위해서 우리의 미래가 희생된 것이다. 그들이 우리에게서 은퇴 후 살아갈 땅, 침수 위험 없이 마음 놓고 살 수 있는 땅을 빼앗아 갔다. 어쩌다 이렇게 된 게 아니다. 고의적인 것이다. 몇몇 기업, 몇몇 국가들이 기후위기 안에서 수익을 창출해놓고 본인들을 위한 유리한 입장을 차린 것이다. 그걸 깨달아야 한다. 우리가 지금까지 호구로 살아왔다는 것을.

그다음 발로 투표해야 한다. 분노를 느끼고 환경을 파괴하는 기업의 제품을 사지 말아야 한다. 정치인을 뽑을 때도 화석 연료 사용으로 인한 기후위기를 인식하고 있지 않은 사람이라면 뽑지 말아야 한다. 기후위기에 관해 "우리나라 문제가 아니다."라고 말하는 사람이라면 표를 주지 말아야 한다.

기업의 제품을 고를 때도 친환경 정책을 가지고 있는지, FSC 인증(FSC 웹사이트 www.fsc.org에서 FSC 인증 정보와 인증 받은 업체 등을 확인할 수 있다) 종이나 재생 종이를 쓰고 있는지, 어획을 어떻게 하고 있는지, 팜유를 쓰고 있는지, 쓴다면 어떻게 가져오고 있는지…. 이런 걸 따져야 한다. 따질 수 없다면 따질 수 있도록 새로운 제도나 도구를 만들어 달라고 요구해야 한다. 우리 미래에 관해 여전히 방관한다면, 그저 밟히는 수밖에 없다. 우리의 주체를 판 것이기 때문에. 주체성을 다시 되찾아야 한다. 그게 이 문제의 해결책은 되지 못하더라도 유일하게 타격을 줄일 기회를 만들 수 있다.

우리가 가진 수단을 이용해야 한다

우리는 미래의 선택권을 빼앗겼다. 그걸 되찾지는 못하겠지만, 최악을 막을 기회라도 가져보기 위해서 우리가 가진 수단을 이용해야 한다. 선거할 때 투표권, 물건을 살 때 지불하는 돈이 바로 나의 선택권이다. 일본을 불매한 것처럼, 환경과 관련해서도 불매해야 한다. 왜 환경을 기준으로 세운 불매가 일어나지 않은 것인지 이해하기 어렵다.

그리고 또 다른 도구가 있다. 미국의 경우는 판례가 법이 될 수 있는 법제도이기 때문에 사람들이 고소를 통해 법을 창출해나가는 때가 있다. 동성혼이 판례를 만들어 합법화된 경우이고, 낙태도 똑같이 그런 방법으로 합법화되었다. 주간 경제 활동도 그렇다. 본래 한 주에 살고 있으면 다른 주에서 경제 활동을 하지 못하는데 1823년 미국에서 그와 관련한 고소가 진행되어 관련 판례가 생겼기 때문에, 이제 미국 사람들은 어느 주에 가도 경제 활동할 권리가 있다. 바뀐 법이 사람들의 삶의 형태를 바꾼 것이다. 우리의 빼앗긴 권리, 빼앗긴 미래를 되찾기 위해서도 이제 사법적인 대응이 필요하지 않을까.

헌법에는 국민의 행복추구권이 있다. 사람들이 잘 살아갈 권리가 있다는 것이다. 현재의 중학생, 고등학생들은 사는 도시가 해수면 상승으로 없어지거나, 가뭄으로 식량난에 시달릴 수 있는 상황을 생각해야 한다. 그래서 미국에서는 젊은 사람들이 변호사를 고용해 국가를 고소하는 운동이 일어나고 있다. 석유 기업이 행복추구권에 타격을 입힐 것을 알고 있었음에도 국가가 눈감아줬고 그 결과 헌법상 보장된 국민의 행복추구권을 빼앗겼다는 것이다.

그래서 고소를 통해 그런 환경 파괴 기업에 관해 강경한 법을 만들어달라고 요청하는 사례가 점점 늘어나고 있다. 콜

롬비아와 네덜란드에서는 청소년과 시민들이 정부를 상대로 각각 열대우림 보존과 온실가스 배출 감축을 요구하며 소송을 걸어 승소했고, 한국에서도 2020년 3월 청소년 19명이 원고가 되어 "기후위기 방관은 위헌"이라며 헌법재판소에 헌법소원 심판청구서를 제출했다.

일본이 역사 문제를 잘못 다뤘다는 이유로 국가적으로 무역을 줄이고 많은 개개인이 일본 여행을 자제하는 선택을 했다. 역사 문제와 마찬가지로 환경에도 민감하게 반응해야 한다. '환경 파괴범'이라고 할 만한 기업들에 관해서는 경제 제재라든가 처벌을 요구해야 한다.

우리는 먼저 요구해야 한다. 정부나 국회가 충분할 정도로 움직이지 않는 건, 우리가 그만큼을 요구하지 않아서이다. 연금에 관한 이야기를 하나도 꺼내지 않으면서 정부가 알아서 국민의 노후를 어떻게 해줄 것이라고 기대하는 사람이 있을까? 이익에 관해서라면 강하게 요구해야 한다는 걸 누구보다 잘 아는 사람들도 유독 환경 문제에 관해서 "정부가, 환경 단체가, 다른 사람이 알아서 할 일"이라는 식으로 대처하려 한다.

화가 나서 요구해야 바꿀 수가 있다. 그렇게 해야만 우리가 오늘, 내일, 모레, 글피에 살아갈 곳이 있는 것이다.

온실가스의 주범이 소라고?

우리는 온실가스의 주범으로 자동차 매연이나 석유를 떠올리지만, 또 다른 온실가스의 주범이 있다. 바로 축산업이다. 세계식량기구 FAO에서 2006년 펴낸 '축산업의 긴 그림자Livestock's Long Shadow' 보고서에 따르면 축산업은 온실가스 배출량의 18%를 차지한다. 2009년 월드워치 연구소에서 낸 격월 잡지에서 세계은행 전 수석 환경자문위원 로버트 굿랜드Robert Goodland 박사와 국제금융공사 IFC, International Finance Corporation 연구원 제프 안항Jaff Anhang은 축산업의 온실가스 배출 비중이 그보다 훨씬 많은 51%라고 주장하기도 했단다.

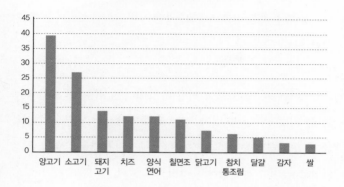

식품별 온실가스 배출량(kg)

출처 : EWG '기후변화와 건강을 위한 육식자 가이드' 보고서(2011)

축산업이 온실가스 배출 비중이 높은 이유는 산림을 없애 농장을 만들고 가축을 키우면서 자연이 가진 탄소흡수원을 없애기 때문이다.

미국의 비영리 단체인 EWG Environmental Working Group 에서 발표한 '기후변화와 건강을 위한 육식자 가이드 Meat eater's guide to climate change + health' 보고서에 따르면 우리가 먹는 식품 중 양고기, 소고기, 치즈의 온실가스 배출량이 가장 높게 나타났다. 생산, 운반, 판매 등 전 과정을 산출하면 양고기는 39.2kg, 소고기는 27kg의 온실가스를 배출한다. 양과 소는 소화 과정에서 메탄을 배출하는 반추동물로, 메탄은 이산화탄소보다 25배 강력한 온실가스이다.

상황이 이렇다 보니 최근 유럽에서는 '육류세' 도입에 관한 목소리도 나오고 있다. 지난해 독일에서는 일부 정치인들을 중심으로 육류에 도입된 7%의 부가가치세를 19%로 인상하자는 논의가 활발히 이루어지기도 했다.

요즘 환경 분야에서 비거니즘과 채식에 관심을 두는 이유도 이런 맥락이다. 식물성 고기, 식물성 달걀이 동물로 만든 고기를 대체하는 건 좋은 일이라고 생각한다. 나는 이게 환경 문제의 본질에 조금 더 닿아 있다고 본다.

환경 문제를 해결하기 위해 우리 모두가 채식주의자가 되는 일은 사실 불가능하다. 그렇다고 하더라도 고기를 조금 덜 먹는 일, 채식 식단을 늘리는 일, 음식을 남기지 않는 실천 정도는 할 수 있지 않을까.

글로벌생태발자국 네트워크에 따르면 인류가 음식물 쓰

레기를 절반으로 줄이면 지구 생태용량 초과의 날이 11일 뒤로 늦춰진다고 한다.

또 고기를 먹더라도 온실가스를 많이 발생시키는 양고기, 소고기 대신에 돼지고기, 닭고기 등을 선택하는 것도 가능하지 않을까.

더 나아가 패스트푸드나 유통업체에서 파는 고기 중 몇 퍼센트는 환경을 위해서 식물성 대체 고기를 팔아야 한다는 정책이 만들어지거나 혹은 축산업이 환경에 미치는 영향이 알려져 그 대안이 마련되면 좋겠다.

채식은 불편하지 않아야 한다

축산업은 온실가스 배출에 큰 비중을 차지한다. 온실가스 배출량을 줄이는 방법으로 채식이 권장되는 이유이다. 실제로 IPCC는 '식물성 식품으로 이루어진 균형식'을 기후위기를 늦추는 방법으로 언급하기도 했다.

나도 채식을 시도한 적이 두 번 있다. 두 번 다 실패했다. 첫 시도는 고등학생 때였다. 당시 고등학교에서 제공하는 식단에는 식물성 식자재로 만든 메뉴가 다양했기 때문에 아무 문제가 없었다. 그래서 몇 달간 채식을 계속할 수 있었다. 그러다 방학이 되어 집으로 돌아가면서 채식을 중단했다. 친구 집에 초대받거나 환경 커뮤니티 안에 있지 않은 사람들의 집에 방문하는 일이 잦았는데, 대접하는 음식을 매번 거절할 수가 없었다.

한국에 와서도 채식을 시도했지만, 한국에서의 도전은 더 어려웠다.

한국에서는 왜인지 고기를 먹지 않는 데에 죄책감이 들었다. 고기를 먹지 않겠다고 하면 '그걸 왜?' 하며 이상하게 보거나 남에게 피해를 준다고 여기는 시선이 많았다. 이해가 되지 않는 건 약 때문에 안 먹는다고 하면 쉽게 받아들이는데, "내 가치관 때문에 고기를 안 먹는다."라고 말하면 상당히 이상하게 바라본다는 것이다. 몸 때문에 고기를 먹지 않는 건 괜찮지만, 가치관 때문이라면 사회적, 문화적으로 피해를 주는 행위로 여기는 것 같다. 선택이나 의견이 다를 수 있다는 걸 못 받아들이는 것 아닌가.

결국 회식 자리에서 홀로 고기를 안 먹는 일이, 관계를 돈독히 해야 하는 식사 자리에서 다른 식단을 찾는 일이 반복되다 보니 고기를 먹지 않는 일이 점점 어려워졌다. 결국 그만두게 되었다.

온실가스 배출량을 줄이기 위해 채식이 권장할 방법이라면, 채식을 실천하는 사람이 떠안아야 하는 불편과 죄책감은 어떻게 설명할 수 있을까. 우리의 미래를 위한다면 채식이 이렇게 불편하면 안 되는 것 아닌가.

우리에게 중요한 건 선택권이다. 쉽게 선택할 수 있어야 한다. 식당이나 급식에서 쉽게 채식 메뉴를 접할 수 있어야 하고, 고기를 대체할 양질의 식품도 쉽게 구할 수 있어야 한다. 한국에서도 채식 선택권에 관한 인식이 확산되고 있는데, 2020년 4월에는 학교급식에 채식 선택권을 보장해달라며 학생과 학부모 24명이 헌법소원을 내기도 했다.

고기 섭취를 끊은 사람 중에는 고기 대신 쉽게 접할 수 있는 탄수화물로 배를 채우는 경우가 많다. 빵을 2~3배로 먹는다거나 밥에 김만 먹는 식이다. 콩이나 식물성 고기 같은 것들은 잘 모르고, 쉽게 접할 수도 없다 보니까 그냥 편한 것 위주로 식습관이 돌아가고, 결국 건강을 해치는 선택을 하는 것이다.

고기 외의 다른 선택지는 좀 더 많아져야 하고, 좀 더 알려져야 하며, 선택은 좀 더 쉬워져야 한다. 의도하지 않게 자신의 무지에 갇히는 상황이 반복되면 변화를 위해 나 자신을 바꾸는 행동은 어렵게 된다.

시스템을 고리로 연결하는 일

사람의 생각은 평면적으로 흐를 때가 많다. A를 하면 B가 된다. B를 하면 C가 된다는 식으로 단선적으로 흐르기 쉽다. A를 B 쪽으로 옮기는 정도의 선적인 세상에서 살아오다 보니까 모든 문제를 그렇게 바라보게 되는데 이제 시스템 위주로, 시스템적인 사고를 할 필요가 있다.

환경 문제를 해결하는 데 있어서는 시스템적인 사고가 굉장히 중요하다.

나는 디자이너인 레일라 아자롤루(Leyla Acaroglu, 지속가능 전략가이자 언스쿨UnSchool 창립자, 2016년 UN 환경 분야 최고 권위상인 지구환경대상을 수상했다)를 통해 시스템적인 사고에 관한 인상적인 이야기를 들은 적 있다.

레일라 아자롤루는 2017년, '혁신과 지속가능성 콘퍼런스'에 초청받아 한국에서 강연했다. 그 자리에 나도 참석해 강연을 들었다.

콘퍼런스에서는 매핑mapping이 강조되었다. 우리 앞에 머그잔이 있다고 하면 이 머그잔이 무엇에 연결되어 있는지 조금씩 범위를 넓혀가며 관계망을 그리는 것이다. 머그잔을 만드는 데 사용한 흙, 도자기를 굽는 데 사용한 나무, 나무가 자란 숲… 조금씩 이렇게 관계망을 그리다 보면 나중에는 머그잔이 단순한 머그잔으로 보이지 않는다. 우리가 그렇게 볼 줄 알아야 하는 세상이 와버렸다. 그 연결을 볼 수 없다면 기후위기 극복은 불가능하다.

장을 보면서 비닐봉지를 사용하는 게 나을까. 아니면 종이봉투를 사용하는 게 나을까. 무엇이 더 환경에 나은 선택일까? 내가 십 대 중반까지는 비닐봉지가 환경을 위한 선택으로 인정받았다. 종이는 나무를 베어 만드니까 나무를 보호하기 위해 비닐봉지를 쓰자는 사람들이 많았다. 그 의견은 얼마 지나지 않아 '비닐은 썩지 않으니 환경을 위한다면 종이봉투를 써야 한다'로 바뀌었다.

레일라 아자롤루는 비닐봉지와 종이봉투에 관한 선택이 아니라 그걸 '어떻게 버리느냐'가 더 중요하다고 강조한다. 비닐봉지를 길가에 버리면 썩지 않고 수백 년 동안 땅에 묻혀 환경을 파괴하거나, 미세 플라스틱으로 돌아와 다시 우리 건강을 위협한다. 바다로 흘러 들어가 바다생물의 생명을 위협하기도 한다.

종이봉투의 경우는 어떨까. 종이봉투를 재활용에 두느냐 안 두느냐가 관건이다. 종이봉투를 재활용하지 않고 그냥 쓰레기통에 버리면 종이봉투는 매립지에서 메탄가스가 되거나 쓰레기 소각장에서 바로 이산화탄소가 된다. 나무-종이-메탄가스(온실가스)로, 자연물이 쓰레기와 대기오염으로 귀결되는 것이다.

하지만 봉투를 재활용한다면 다시 자원으로 쓸 수 있다. 레일라 아자롤루는 자원 사용에 대해 한 가지 사용법을 더 제시한다. 퇴비로 만드는 방법이다. 퇴비를 만들 때 습기가 많은 음식물만 쓰면 쉽게 썩어버린다. 그래서 낙엽이나 딱딱한 껍질과 같이 건조하고 섬유질이 많은 것들을 상당량 섞는데, 화학물질을 지나치게 써서 가공한 종이만 아니라면 퇴비 만드는 데 사용할 수 있다는 것이다. 종이를 퇴비로 사용하면 나무-종이-나무로 이어지는 시스템의 고리가 연결된다.

이런 제3의 방법을 생각하려면 퇴비를 만드는 원리를 이해해야 하고, 환경과 우리 주변에 있는 물건들에 대해서 시스템적 사고를 할 수 있어야 하고, 자신이 사는 곳의 시스템에 관해 비판적인 비교도 할 수 있어야 한다. 우리가 이런 틈을 찾아내 시스템을 연결하고, 계속 순환하는 경제 시스템을 만들어야만 문제는 해결된다.

요즘에는 우리의 생각이 단선적 사고에 한정되는 것 같아 너무 안타깝다. 한국은 에너지의 92% 정도를 수입하고 있다(에너지경제연구원 통계에 따르면 한국의 에너지 수입 의존도는 2020년 기준으로 91.9%에 이른다). 수입하는 것은 대체로 석유,

석탄, 천연가스 등 화석 연료이다. 왜 그것만 쓸까. 다른 에너지도 쓸 수 있지 않은가? 이런 문제를 제기하면 대부분 사람들이 떠올리는 게 원전이다.

종이봉투와 에너지는 완전히 다른 주제지만 핵심은 똑같다. 세 번째 방법을 상상도 하지 못했다는 게 진짜 문제이다.

시스템적인 사고가 필요하다. 시스템적 사고 없이는 경주마가 눈가리개를 차고 보는 것처럼 협소한 시각으로 볼 수밖에 없다.

유일하게 변화를 가져올 수 있는 것은 시스템을 완전한 고리로 만드는 것이다. 그것이 문제를 해결할 열쇠이다.

판다를 지켜야 하는 이유

자연을 지키기 위해 나무를 심는 게 좋을까. 표범을 보호하는 게 좋을까. 이런 질문을 하면 많은 사람이 나무 심기를 선택한다. 내 개인적인 선택은 표범 보호 쪽이다.

2016년 나는 WWF 홍보대사를 맡아 중국 산시성 판다 보호구역에 다녀왔다. WWF와 중국 정부가 같이 운영하는 곳으로, 일반 사람은 갈 수 없는 곳이라고 한다.

전 세계적으로 판다는 무분별한 벌목과 지역 사회의 농

© 毛祥

작물 재배지 확대, 가축 방목으로 인해 멸종 위기에 몰려 있다. 산시성의 판다 보호구역 역시 벌목과 개발로 인해 판다 개체 수가 감소하고 있었다.

하지만 주민들의 생계가 걸린 일을 하루아침에 그만두게 할 수는 없었고, 고심하던 WWF는 주민들에게 양봉 기술과 벌통을 보급했다. 벌목이 아니라 양봉업으로 생업의 변화를 유도한 것이다. 본래 이 지역에도 전통 방식에 따라 나무 안을 파내 벌통으로 사용하는 소규모 양봉이 이뤄지고 있었다. 꿀을 꺼내려면 벌집을 깨뜨려야 해서 많은 통나무가 소비됐지만, 수확은 1년에 한 번밖에 할 수 없어 생산량이 적었다. WWF에서 새로운 벌집과 양봉 기술을 전파한 결과 꿀 생산량은 4배 증가했고, 주민의 60%가 양봉업에 종사하게 되었다. 가구당 연평균 수입은 1990년대에 비해 20배 늘어났으며 2003년 1,596마리에 불과했던 대왕판다 개체수도 2013년 1,864마리로 10년 사이 16.8% 증가했다.

판다는 배변 활동을 통해 식물 씨앗을 퍼뜨리고 숲이 잘 자라도록 돕는다. 이렇게 만들어진 숲 생태계는 판다뿐 아니라 황금들창코원숭이, 타킨 등 숲을 공유하는 다른 동물들이 살아가는 터전이 된다. 대왕판다의 서식지는 만여 종의 식물과 천여 종의 동물이 서식하는 생태계 거점이다. 이들이 공존하며 살아가기 위해 숲 생태계를 지키는 일은 더없이 중요하다.

지금 세계 각국에는 판다뿐 아니라 보존이 필요한 동물들이 있다. 오랑우탄, 코끼리, 바다거북, 호랑이…. 한국에도 멸종위기에 놓인 동물이 셀 수 없다. 두루미, 수달, 반달곰, 삵…. 더 늦기 전에 우리가 보호해야 할 개체를 신중히 선택하고 지켜야 한다.

우리의 욕심이 멸종위기종을 만든다. 우리는 생태계를 파괴하는 가해자이자 그로 인한 가장 큰 피해자이기도 하다. 생태계가 파괴되는 것은 우리 몸에 암이 생기는 것과 같다. 암이 발생하면 유기체 전체에 문제가 생기듯 생태계도 마찬가지이다. 그러니 생태계가 지속가능하게끔 보전하는 일이 우리 생명을 보살피는 일이기도 하다.

다시 나무 심기 vs 표범 살리기의 난제 앞에 서 보자. 왜 표범 서식지를 보호하는 일은 중요할까. 그것은 생물다양성이 보장되지 않는다면 결국 인간의 생존도 보장할 수 없기 때문이다.

단순하게 생각하면 우리가 먹는 식물, 우리에게 이로운 동물이 아닌 다른 동식물이 사라지는 게 우리와 무슨 상관일까 싶지만, 실제는 그렇지 않다. 생태계는 모든 것이 연결되어 있으며 상호 영향을 주고받는다.

　　유명한 예로 옐로스톤 국립공원Yellowstone National Park의 늑대 이야기가 있다. 100여 년 전 옐로스톤 지역 사람들은 가축을 물어 죽이는 성가신 늑대를 몰살했다. 그 결과 급증한 엘크(사슴)들이 초지를 초토화했고, 단단하게 뿌리를 잡아둘 식물이 사라지자 흙이 무너져 강으로 흘러 들어가며 강이 오염되었고, 결국 초지는 황폐해졌다. 늑대가 사라지면서 결국 생태계 균형이 무너진 것이다.

　　1958년 중국의 참새 소탕작전도 마찬가지이다. 참새가 곡식을 쪼아 먹어 쌀 생산량에 타격을 준다는 이유로 중국은 2억 마리가 넘는 참새를 소탕했다. 벼를 쪼아 먹는 참새가 사라진 이후 쌀 생산량은 오히려 급격히 줄었다. 참새가 사라지자 해충이 급증하면서 농사를 망치게 되었기 때문이다.

　　뿐만 아니라 식탁을 풍요롭게 만들기 위한 단일 품종은

우리 목숨마저 위협한다.

1845년 아일랜드에 닥친 감자 기근이 대표적인 예다. 당시 아일랜드는 럼퍼감자라는 단일 품종에 의지했는데, 해당 품종에 치명적인 역병이 돌자 감자가 모두 죽게 되었다. 감자를 주식으로 먹던 사람들은 곧 극심한 굶주림에 시달렸다. 1845년부터 5년 동안 아일랜드에서 기근으로 인구가 약 30% 줄었다. 100만 명은 사망하고 또 100만 명은 난민이 되었다.

지금까지 환경보호에 관한 논의는 나무 한 그루를 심자는 데에 그쳤다면, 이제 조금 더 넓은 차원에서 생태계를 바라보고 파괴된 동물 서식지를 하나하나 살리는 데 힘써야 하지 않을까. 동물 서식지에 관한 관심이 훼손된 숲을 되살리는 행동으로 이어진다면 지구의 사용기한이 줄어드는 것도 막을 수 있지 않을까 한다.

지구생명지수

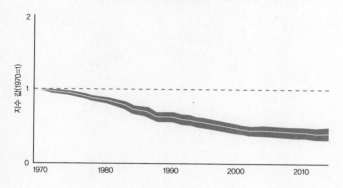

1970년부터 2014년까지의 지구생명지수. WWF '지구생명보고서 2018'에서 생물다양성과 지구의 건강을 측정하는 지구생명지수를 공개했다. 4,005종 생물종 16,704개 개체군을 분석한 결과 1970년에서 2014년 사이 척추동물 개체 수가 60% 감소한 것이 발견되었다.

출처: WWF '지구생명 보고서 2018'

나는 환경을 고려한 기업을 선택한다

나는 기후위기에 관해 인식하고 있는 기업, 해결책을 찾고자 하는 기업을 응원하고 싶다. 다소 불완전하고 미숙하더라도 환경 문제 해결을 고민하고 여러 시도를 하는 기업을 지지하고 싶다.

방송 일정이 없을 때 나는 스타벅스에서 남은 일을 처리하곤 한다. 미팅이나 작업 장소로 이용하는 셈이다. 플라스틱 빨대에 관한 환경오염 논란이 불거지자 선도적으로 종이 빨대로 바꿨는데, 나는 그때부터 스타벅스에 관심을 두게 되었다.

미국에서는 플라스틱 빨대를 없앤 것에 반감을 갖고 불평하는 사람도 적지 않지만, 미래 세대를 위하여 대담한 결정을 하는 게 나는 참 좋다고 생각한다.

관심을 두고 보니 점점 더 많은 것이 눈에 띄었다. 어느 날부터인가 종이컵에 FSC 인증 스티커가 눈에 보였다. FSC 인증을 받은 종이로 컵을 만들었다는 표시였다. 일회용품 사용을 줄이고 다회용 컵 사용을 유도하기 위해 텀블러 사용자에게 가격을 할인해주는 것, 자원 재사용을 위해 커피 찌꺼기를 무료로 나누는 일도 차례로 눈에 들어왔다.

이런 노력을 조금 더 응원하고 싶다는 생각이 들어서 프랜차이즈 커피숍 중에는 되도록 스타벅스를 이용하려 한다.

벤엔제리스라는 아이스크림 회사도 인상적인 곳이다.

벤엔제리스는 탄소발자국 줄이기를 회사 운영 목표 중 하나로 삼고 있는데, 수년 전 벤엔제리스의 아시아 태평양 시장 진출 담당자를 만나 그들이 어떤 노력을 기울이는지 들었다.

벤엔제리스는 시장진출 시 생산성이나 시장성 외에 아이스크림 유통에 배출되는 탄소량까지 고려한다고 한다. 탄소 배출량이 큰 항공편 대신 배를 이용해 운송하고, 탄소 배출에 부담금이 없는 경제권에 진출할 때에도 부담금만큼의 비용을 환경을 위해 사용한다고 한다.

외부에서 강요하기 전에 스스로 기준을 세우고 엄격히 지키는 것이다. 매년 탄소 배출 감소 노력이 얼마나 성과를 거뒀는지 외부에 공개하고도 있다. 나는 그런 기업의 아이스크림을 선택하고, 기꺼이 주변에 추천하고 싶다.

환경친화적인 기업으로 손꼽히는 파타고니아도 내가 좋아하는 브랜드이다. 사실 파타고니아는 가격이 비싸서 나도 잘 사지는 못한다.

나도 소비자로서 가능하면 싼 것을 사고 싶은 본능이 있다. 일찍이 가족들로부터 경제적 독립을 했기에 학생 때는 돈이 별로 없어 궁핍했다. 대학 졸업 때 경제 불황과 금융위기까지 겪으면서 돈을 아끼고 안 쓰는 습관이 더 굳어졌다. 학생 때는 패스트 패션이 환경에 더 악영향을 끼친다는 걸 알아도 경제적인 여건 때문에 가격이 저렴한 옷을 선택해야 할 때가 많았다. 경제 활동을 하면서도 옷을 별로 사지 않아서 내 옷장에는 학생 때부터 입던 저렴한 패션 브랜드 옷이 여러 벌 있다.

유튜브 채널에서 방송하면서 '이쯤 되면 줄무늬 티셔츠를 입기 위해 유튜브 방송하는 것'이라는 댓글을 많이 보았다. 그런 댓글을 보면서 방송하는 사람으로서 좀 반성해야겠다 싶었다. 영상을 보는 분들을 생각하면 계속 옷을 바꿔 입어야 하는데, 옷을 잘 사지 않다 보니까 영상에서 똑같은 옷이 자주 겹친다. 그래도 방송 때문에 옷을 구매할 계획은 아직 없으니, 우리 구독자들에게는 앞으로도 줄무늬 티셔츠를 계속 보여드려야 할 것 같다.

내가 파타고니아 제품을 처음 써본 것은 4년 전이었다. WWF 활동 중 가방을 선물 받았는데, 쓰면서 품질에 깜짝 놀랄 때가 있었다. 얼마 전에는 마트에서 와인 두 병을 사서 가방에 넣었는데, 집에 도착해 너무 세게 내려놓은 나머지 와인 병이 깨져버린 일이 있었다. 가방 안은 온통 와인 범벅이었지만, 신기하게 가방 밖으로는 한 방울도 새지 않았다. 수년을 썼음에도 방수기능이 멀쩡했다. 그 가방은 세탁해서 지금도 잘

사용하고 있다.

파타고니아 강령에는 고객이 물건을 오래 사용할 수 있게 되도록 튼튼하고 좋은 품질의 제품을 만든다는 내용이 있는데, 실제 사용하면서 실감한 순간이었다.

같은 물건 중에서는 되도록 환경을 덜 해치는 브랜드를 사용하려고 하지만, 브랜드를 비교하기 힘들 때는 같은 행동을 하기 위해 무엇을 택하는 게 환경에 영향을 덜 미치는지 따져보기도 한다.

나는 탈모 때문에 머리숱이 많지 않은데, 그래도 있기는 있으니까 머리를 감아야 한다. 샴푸를 사용하는 건 사실 불필요해서 꼭 써야 하는지 조금 고민해 보았다.

여러 정보를 찾다 보니 액체로 된 비누가 상당히 비효율적이라는 생각이 들었다. 살균력이 고체 비누보다 떨어지는데다 플라스틱 통에 들어 있어서 사용하고 나면 플라스틱 쓰레기를 배출해야 한다. 또 액체 비누를 정화하기 위해서는 고체 비누를 쓸 때보다 더 많은 양의 물이 소모된다.

이 때문에 나는 머리, 얼굴, 몸 구분 없이 천연 성분으로 된 고체 비누 하나만 사용하고 있다. 사용해보니 불편한 게 없다. 따로 플라스틱 쓰레기를 버릴 일이 없으니 나같이 게으른 사람에게는 고체 비누가 훨씬 편하다.

친환경을 표방하는 기업에 관해 그린워싱(greenwashing, 위장환경주의, 실제와는 다르게 겉으로 친환경 경영을 표방하는 일)이라는 비판도 있고, 그린워싱과 아닌 것을 구별하는 것도 상당히 어려운 일이라고 생각한다. 하지만 나는 그린워싱이든 아니든 간에 환경을 위해 아무것도 하지 않는 기업보다 낫지 않을까 생각한다. 또 가식이라는 지적을 받더라도 애초에 환경에 필요한 시도를 한 그 의미가 사라지는 건 아니라고 본다.

앞으로도 나는 되도록 환경에 부담이 덜한 행동을 찾고, 물건을 살 때도 되도록 환경을 고민한 기업을 택해 응원하고 싶다.

타일러의 제안, 지구를 위한 한 걸음

우리는 환경 문제에 관한 해결책이라고 하면 보통은 우리 생활 방식에 관해 "이거 하지 말고, 이거 안 되고, 안 돼, 안 돼…." 이런 태도가 되기 쉬운 거 같다. 어떤 해결책을 무언가를 하지 말라는 금지에서 찾기보다 조금 더 효율적인 사용을 고민해 본다면 어떨까?

WWF 자료 중에는 생태용량 중 한국에서 가장 많이 사용하는 것이 무엇인지 분석한 자료가 있다. 가계 소비 범주로 보는 생태발자국 자료를 보면 한국에서 가장 많이 사용하는 건 다음 세 가지 영역이다.

음식, 농업 23%, 개인 교통수단 14%, 전기 가스 및 기타 연료 10% 등이다.

이 세 가지가 전체의 절반을 차지한다. 우리 생활과 관련한 수많은 것이 이렇게 주요한 세 가지로 추려진다. 우리가 생태용량 문제를 해결하려 한다면, 이 세 가지에 집중해야 한다.

다음은 WWF에서 제안하는 '지구를 위해 실천해야 할 10가지' 내용이다.

가계 소비 세부 범주

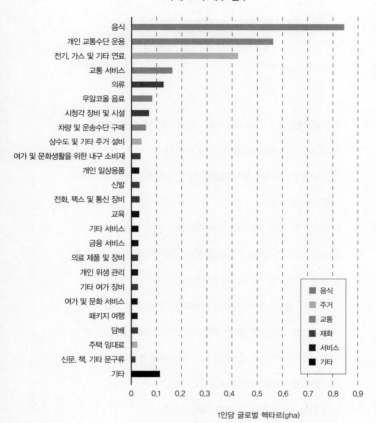

가계 소비 세부 범주를 생태발자국 크기 순으로 나열한 것으로 음식, 농업 23%, 개인 교통수단 14%, 전기 가스 및 기타 연료 10% 순으로 나타난다.

출처: WWF '한국 생태발자국 보고서 2016'

지구를 위해 실천해야 할 10가지

1. 여름 냉방은 1℃ 높게, 겨울 난방은 1℃ 낮게 설정하기

2. 과대포장한 제품, 선물세트 등 피하기

3. 재활용이 어려운 유색페트병 대신 투명페트병을 사용하고
   분리배출하기

4. 플라스틱 통은 여러 번 재사용하기

5. 음료 마실 때 빨대나 일회용 플라스틱 컵 사용하지 않기

6. 수도꼭지를 잘 잠그고 샤워 시간 줄이기

7. 화장지, 종이, 가구 등 모든 목재 및 임산물에 FSC(국제산
   림관리협의회) 인증 라벨 확인하기(FSC 인증 라벨 제품을 사
   용하면 지속가능한 방식으로 관리된 나무를 선택함으로써 숲과
   야생동물을 모두 보전할 수 있다)

8. 종이를 절약하여 사용하고 재활용하기

9. 가능한 걷거나 자전거 및 대중교통 이용하기

10. 어린 생선(풀치, 노가리, 총알오징어 등) 구매하지 않기

2부

모든
시작과 끝인
이곳에서

4장

우리는 자연의 일부였다

우리는 자연의 일부였다

"우리는 그냥 자연의 일부였다."

박완서 작가의 《그 많던 싱아는 누가 다 먹었을까》에 나오는 문장이다. 소설을 보면서 우리 존재에 관해 이보다 더 정확한 표현이 있을까 싶었다. 도시에서 태어나 자란 사람들에게는 이 말이 실감나지 않을 수도 있겠지만, 자연과 더불어 살았던 어린 시절 나는 그야말로 자연의 일부였다.

나는 1988년 5월 미국 동북부의 작은 마을에서 태어났

다. 태어날 때부터 이곳저곳 몸에 문제가 많았다. 태어나자마
자 봉와직염(피하와 진피까지 세균이 침범한 심각한 피부염증)이 생
겨 한참 병원 신세를 져야 했다. 열이 높고 증상이 심해 당시
에는 죽을 뻔했다고 한다. 세 살 많은 누나가 갓난아기인 나에
게 카드를 써 주었다. 삐뚤빼뚤하게 그린 토끼 그림과 함께
'come home'이라고 적혀 있었다. 물론 한참 커서 보게 되었지
만 감동이었다.

네 살 때 극심한 알레르기로 건강 문제가 다시 고개를 들
었다. 그해 여름에는 집 밖으로 하루도 나가지 못했다. 꽃가루
알레르기가 너무 심해서 현관문만 나서도 순식간에 눈이 부어
감겼다.

그해 알레르기 검사를 받으러 갔다. 바늘로 피부의 표면
을 조금 뜯어 그 자리에 알레르기 의심 물질에서 추출한 시약
을 조금 발랐다. 바늘로 살갗을 찢는 게 고양이가 살짝 할퀴는
느낌이었다. 살던 지역의 나무와 동물을 종별로 검사하는 동
안 엎드린 등 전체와 양쪽 팔, 어깨의 살갗이 뜯겨 온통 격자무
늬가 되었다. 검사 결과, 지역의 모든 나무와 꽃, 털과 깃털이
있는 모든 동물과 다수의 음식에 알레르기가 발견되었다. 내

게는 복숭아, 배, 사과, 딸기, 체리, 당근 모두 알레르기를 유발했다(오랜 치료로 나아진 요즘도 이런 과일을 먹으면 목이 가렵고 따갑다). 여기에 천식까지 겹치면서 매일 약을 먹고 매주 두 번 주사를 맞아야 했다. 그렇게 꼬박 10년 동안 정기적으로 주사를 맞았다.

가끔 알레르기 증상이 아주 심할 때면 천식까지 덩달아 악화됐다. 한번은 기침이 안 멈추고 숨이 안 쉬어져 몇 시간 동안 15분 간격으로 네뷸라이저를 써야 했다. 그때 나는 아픈 것을 그냥 참았다. 치료니, 진료니, 약이니 하는 건 뭔지 모르고, 알고 싶지 않았다. 그냥 참으면 안 아픈 순간이 올 거라고, 고생이 끝날 거라고 믿었다.

여섯 살 때는 견과류 알레르기까지 더했다. 남부에 살던 큰아버지가 매년 피칸과 호두 등 견과류를 상자째로 보내주셨다. 누나가 견과류에 소금을 뿌려 먹으면 맛있다고 하며 견과류 상자에서 한 알을 꺼내 먹었다. 나도 누나가 먹는 대로 따라 하고 싶어 견과류 한 알을 꺼내 아주 조금 씹어보았다. 그러자 순식간에 눈이 부어 감기고 아무것도 보이지 않았다. 속이 메슥거리더니 구토가 나왔고, 그 뒤로 정신을 잃었다. 다시 눈을 떴을 때는 화장실이었다. 엄마와 아빠가 열띤 이야기를 나누고 있었는데 무슨 얘기인지 알아들을 수 없었다.

다음날 병원에서 검사를 받고 보니 극심한 알레르기였다. 의사는 견과류 알레르기가 심해서 죽을 수도 있다며 지참할 수 있는 비상용 주사를 처방했다. 다행히 비상용 주사를 쓸 일은 일어나지 않았다.

치료를 받고 시간이 흘러 이제는 견과류를 즐겨 먹게 되었지만, 그때 어머니는 어떤 마음이었을지, 불안하고 두려웠을 어머니를 생각하면 가슴이 서늘해진다.

어릴 때는 꽃가루 때문에 밖에서 노는 게 힘들었고, 음식 알레르기도 괴로웠지만, 개인적으로 가장 마음 아픈 알레르기는 따로 있었다. 동물 알레르기였다. 네 살 무렵, 털과 깃털이 있는 모든 동물에 알레르기가 생겼다. 그때 우리 집에는 내가 태어나서부터 함께 살던 강아지와 고양이가 있었다. 갑자기 아프기 시작한 나 때문에 같이 살던 친구들을 멀리 떠나보내게 되었다. 다행히 다른 가족에게 잘 입양되었지만, 함께 놀던 친구를 다시는 못 보게 되어 누나는 나를 원망했다.

나도 스스로가 원망스러웠다. 그때는 원망이 뭔지 모르고 있었지만, 돌이켜 보니 그랬다. 친구 집에 초대받아도 동물이 있는지 없는지부터 확인해야 했다. 나의 건강을 위한 일인 걸 알면서도 가끔은 어머니가 묻지 않고 넘어가기를, 친구 집에서 동물과 마주치기를 바랐다. 불행인지 다행인지 그런 일은 일어나지 않았다. 동물과 가까이할 수 없어서였는지, 나는 동물이 너무 궁금했다. 다른 알레르기는 다 참을 수 있었지만, 사랑하는 동물 친구를 뺏긴 건 너무 억울했다. 그런 아쉬움 때문인지 어릴 때 나는 레고로 동물을 만들고, 동물 흉내를 내며 놀았다. 나중에 조금 더 커서는 밖에 나가서 동물의 흔적을 찾아다녔다.

　겨울이 되면 꽃가루가 없어서 자유롭게 밖에 다닐 수 있었다. 버몬트는 눈이 자주 내렸고 눈이 쌓인 날이 많았기 때문에 동물들이 밤사이 어디를 다녔고 무엇을 했는지, 그 흔적을 어렵지 않게 찾을 수 있었다. 들판을 가로지르는 발자국을 보면 달려가 발가락이 몇 개인지 살펴보고, 발자국의 주인공이 사슴인지, 여우인지, 라쿤인지 맞혀보았다. 어떤 동물의 발자국인지 알게 되면 들판을 건너가는 모습을 상상하는 재미가 있었고, 간혹 운이 좋은 날이면 멀리서 동물을 볼 수도 있었다.

어느 아침이었다. 어머니가 창밖을 바라보다가 달려오더니 밖에 나가서 보여줄 게 있다고 하셨다. 부츠를 신고 나갔는데 눈이 많이 쌓여 걷기가 힘들었다. 들판이 하얀 눈으로 매끈하게 뒤덮인 가운데, 발자국이 여러 방향으로 어지럽게 난 곳이 있었다. 마치 도화지에 함부로 한 낙서 같았다. 그중 눈이 많이 눌리고 붉게 물든 곳이 있었다. 어머니 손을 잡고 다가가 보니 뭔지 알아볼 수 없는 동물의 머리뼈가 나타났다. 어머니와 같이 서서 어떤 동물이었을까 서로 맞혀 보고, 포식자가 어떤 동물일까 추측했다. 나중에 머리뼈를 정리해 지역 생태계 연구실에 가서 보여주면서 어머니가 들은 소리도 묘사해 들려주었다. 머리뼈의 주인은 라쿤이었다. 라쿤이 보브캣(북아메리카에 서식하는 샤향고양이과 동물)에게 잡아먹힌 모양이었다.

알레르기나 날씨 때문에 못 나가는 날에는 창가에 앉아서 멀리서 새집을 지켜보고 심심할 때면 동물 책을 보았다. 어머니 방 앞에 큰 책꽂이가 있었는데 가장 아랫단에 〈라이프〉라는 시리즈가 있었다. 생태별로 생물종을 정리한 시리즈였는데, 심심하다 싶으면 책을 꺼내 펼쳐놓고 사진을 보면서 그림을 따라 그리고 상상해 보곤 했다.

어린 시절 내게는 극심한 알레르기가
동물의 소중함을 일깨우는 계기가
되었지만, 미래에는 그 계기가 상실이
될까 두렵다. 깨달음의 순간까지
너무 많은 것을 잃지 않길 바란다.

그런 영향인지 지금도 나는 야생 동물 생태에 관심이 많다. 한국에 와서는 WWF 홍보대사를 맡아서 여러 활동을 하고, 기회가 될 때마다 환경에 관한 발언이나 관련 강연도 한다.

동물을 가까이 할 수 없었던 어린 시절의 결핍이 동물과 자연을 더 사랑하고, 관련 활동을 하는 원동력이 되었다고 생각한다. 사람은 곁에 없을 때 더 소중함을 느끼게 마련이니까. 지금 순간에도 환경 파괴로 인해서 많은 동물과 식물들이 멸종하고 있다. 멀리서도 동물을 못 보고 흔적도 못 만나게 된다고 생각하면 아득하다. 어린 시절 내게는 극심한 알레르기가 동물의 소중함을 일깨우는 계기가 되었지만, 앞으로는 그 계기조차 상실이 될까 두렵다. 깨달음의 순간까지 너무 많은 것을 잃지 않길 바란다.

양동이에 갇힌 개구리처럼

다른 아이들과 마찬가지로 나의 놀이도 안팎이 확실히 구분되어 있었다. 집 안에서 가장 좋아한 놀이는 레고였다.

나에게 레고 놀이는 설명서가 존재하지 않았다. 설명서가 존재한다는 것도 몰랐다. 레고에 설명서와 만드는 방법이 있고, '~만들기' 식의 패키지가 나온다는 것은 서울에 와서 주변 한국 사람들과 대화하면서 알게 되었다. 물론 그전에도 마트에서 패키지로 파는 것을 봤지만, 설마 그렇게 똑같이 만드는 사람이 어디 있겠나 하고 지나쳤는데 알고 보니 그 목적으로 사는 사람들도 있다고 했다.

나에게는 그건 레고가 아니다. 어린 시절 레고는 엄청나게 많은 작은 블록이 커다란 통에 담겨 있다. 그 통을 지하실 장난감이 담긴 선반에서 가져와 거실에 쏟아 큰 더미를 만들었다. 상상하는 것들로 이야깃거리를 만들고, 내가 만든 이야기를 다른 사람과 공유했다. 가끔은 상상 속 세상을 만드는 데 며칠 동안 골몰하기도 했다. 놀이가 끝나면 그 모든 것을 다시 부숴 통에 넣었다. 레고는 머릿속 상상을 밖으로 꺼내 놓는 놀이였다. 어머니는 놀이가 끝나면 잘 치우라고 하셨지만, 거실에 쏟지 말라거나 말이 되는 걸 만들어 보라거나 하시지는 않았다.

밖에서 놀 때는 레고가 필요 없었다. 레고보다 좋은 게 있었으니까. 버몬트의 숲은 나무가 우거지고 덤불이 적어 아이들이 놀기 좋았다. 나는 친구네 집 주변 숲을 즐겨 찾았는데, 그곳에는 수십 년 수령의 나무가 우거져 있었다. 버몬트는 1800년대만 하더라도 산을 깎아 농사를 짓고 양을 키우는 영국식 농장이 많았다. 그래서 어느 숲에 들어가도 당시 농장 경계를 표시하던 돌담을 쉽게 볼 수 있었다. 그 숲도 마찬가지였다. 몇 세대를 거쳐 많은 변화를 겪었지만, 수백 년 전 돌담은 역사의 유령같이 숲속에 잠들어 있었다.

나는 친구와 돌담을 찾고, 바위에 기어 올라가고, 시내를 찾으며 돌아다녔다. 그러다가 연못을 발견해 땅 주인인 친구 부모님에게 알려드렸는데, 두 분은 자기네 땅에 연못이 있는지도 모르고 있었다.

나는 그 연못을 특별히 좋아했다. 우리 땅에는 물 고인 곳이 없다며 부모님에게 불평한 적도 있다. 연못에서 수시로 개구리와 도롱뇽을 잡고 싶었는데 말이다. 그래서 친구 집에 자주 놀러 가고 싶었던 것일지도 모른다.

개구리 잡다 보면 바로 풀어주고 싶지 않고 갖고 싶었다. 아이라면 누구나 그럴 듯싶다. 동물과 가까워지고 싶고, 옆에 있고 싶고, 헤어지기 싫다. 그래서 개구리를 집 창고에서 가져온 양동이에 잡아넣었다. 그날은 친구와 10마리 넘게 잡았다. 최고 기록이었다. 집에 돌아갈 때가 되어 양동이에서 풀어줬는데, 이상했다.

보통은 풀어주면 곧바로 물에 퐁당 들어가 버리는데, 그 10마리의 개구리들은 움직이지 않고 가만히 있었다. 만져도 움직이지 않고 1분도 넘게 그 자리에서 꼼짝하지 않았다. 그러다가 시간이 지나자 한 마리씩 천천히 움직이며 갈대숲 사이에 숨었다. 많은 개구리가 좁은 곳에 갇혀 있다 보니 다시 맞이한 자유와 자연이 두렵고 어색했던 것이다.

나중에 깨달았지만, 사람도 그렇다. 인간은 자연의 일부라서 본래 자연이 익숙하고 가장 편하지만, 도시에서 인공 환경 속에 포육되며 사람 사이를 비집고 다니다가 자연과의 연은 끊어진다. 양동이에 갇힌 개구리가 좀비가 된 것처럼, 자연을 잊은 우리도 괴물이 되어 사는 듯하다.

코로나19가 만든 그늘

어릴 때 자주 아파 어머니에게 걱정을 끼친 것을 생각하면 지금도 마음이 저릿하다.

어머니는 나를 포용하고, 내 세계를 크게 만들어준 분이다. 내가 그림을 그리다가 토끼를 보라색으로 칠하면 "토끼가 무슨 보라색이니?"가 아니라, "그래? 무슨 토끼야? 이름이 뭐야?"라고 물으셨다. 토끼가 보라색인 이유를 따지지 않고, 더 들려달라며 내 생각을 이끌어주고, 같이 보라색으로 그려주기도 하셨다. 내가 레고를 조립하고 있으면 다른 레고를 들고 와

새로운 변수를 던져 주셨다. 이제 할머니가 되어 누나의 아이와 놀아주시는 어머니를 보면 어머니에게는 아이들에게 힘을 실어주고 상상력을 풍부하게 하는 특별한 능력이 있는 것 같다.

어머니의 그런 철학이 어디에서 나왔는지 확실하게 안다고 할 수는 없지만, 짐작 가는 일이 있다. 어머니는 누나와 내가 태어날 때부터 육아일기를 쓰셨다. 아이가 어떤 성격이고, 어떤 행동을 했는지 그때그때 기록한 글이다. 페이지 사이사이에는 우리가 어릴 때 그린 그림, 처음 썼던 글씨가 껴 있다. 누나가 먼저 태어나서 그런지 누나 책은 꼼꼼히 기록돼 아주 자세하고 두껍다. 반면 내 책은 비어 있는 게 많다.

육아일기를 보면서 어렴풋이 기억나는 순간이 있었다. 그날은 차를 타고 어디론가 가고 있었다. 엄마는 운전석에, 누나와 나는 뒷좌석에 앉아 있었다. 점심시간이 되어 맥도날드에 가서 드라이브 스루로 해피밀을 주문했다. 나는 햄버거 포장지를 벗기면서 "햄부거hambooger"라고 말했다. 원래 햄버거hamburger인데, '코딱지booger'와 비슷하게 느껴져 말장난으로 섞어 말한 것이다. 바로 "햄버거야." 하고 교정을 받았다.

혼난 기분이었다. "학교에서 '햄부거'라고 하는 사람도 있다."라고 하고 싶은데 말이 끊기고 계속 교정을 받았다. 그게 답답하고 억울하고 화가 나서 울었다. 육아일기를 넘기다 보니 그 순간에 대한 기록이 있었다.

> 오늘은 아이한테 너무 미안했다. 처음에는 그냥 틀린 것을 말하고 있는 줄 알았는데, 사실은 아이가 하고 싶은 말이 있었고 공유하고 싶은 이야기가 있었다. 그것을 끊어서, 목소리를 빼앗아서 미안하다.

그때부터인가. 어머니는 나의 모든 이야기를 들어줄 뿐만 아니라, 더 들려달라고 부탁했다. 보라색 토끼, 외계에서 우주선을 타고 온 초록색 기니피그 이야기 전부 다.

요즘 어머니는 코로나19로 깊이 근심하고 있다. 뉴욕 인근에서 운영하던 골프 클럽하우스는 영업 중지 명령을 받았고, 오랫동안 함께 일했던 직원은 코로나19에 감염되어 하루하루 위태롭게 버티고 있다. 무엇보다 직원을 해고해야 하는 상황이 어머니를 힘들게 한다. 영상통화를 할 때면 애써 웃음 짓는 표정 뒤에 어쩌지 못한 그늘이 비친다.

인수공통감염병이 발병하고 확산하는 배후에는 기후위기가 있다. 기후위기로 인해 야생동물 서식지가 파괴되면서 바이러스나 균을 가진 동물과 인간의 접촉이 늘어난다. 또 바이러스나 균을 옮기는 모기와 진드기의 서식지가 이동하면서 연관된 전염병이 확산하기도 한다. 기후위기로 인한 위험을 과소평가하는 것은 환경을 너무 짧게 생각하고 좁게 보고 있다는 신호이다.

코로나19가 진정되고 어머니와 자유롭게 만날 날을 고대한다.

자연의 두 얼굴

자연 속에서 살아보지 않은 사람이라면, 자연을 단순한 관광지로 대상화하거나, 아름답고 따뜻한 어머니 품이라며 마냥 찬양하기 쉽다. 그러나 그것은 자연의 일면만 본 것이다. 자연 속에 살며 자연의 다양한 모습을 접하고 나면, 깊은 경외심을 품게 된다.

자연은 인간보다 거대하고 강력하며 때로 사납고 무자비하다.

버몬트에 살면서 자연의 위력을 여러 차례 실감했다. 자연이 위험하다는 인식이 없는 도시 사람들이 술 먹고 잠들었다가 눈밭에서 그대로 동사한 일도 있었고, 어린 나에게 종종 모래밭에서 공룡을 만들어주던 부모님의 친구가 파도에 휩쓸려 실종되는 사고도 있었다.

하지만 무엇보다 두려웠던 건 아홉 살 때 접한 토네이도였다.

어느 날 오후 집에 있는데 뉴스와 라디오에서 비상 방송이 나왔다. 토네이도가 발생할 가능성이 높다는 것이었다. 그때 살던 집은 알링턴Arlington에 있었는데, 두 개의 산맥 사이에 위치해 계곡이 한눈에 내려다보였다.

아직 바람이 세지 않을 때 어머니와 창밖을 보았는데, 계곡에 구름이 두껍게 끼어 꽉 막힌 관처럼 보였다. 구름은 먹색이 섞인 초록색으로 변하고, 빙글빙글 돌면서 아래로 천천히 내려오고 있었다. 토네이도가 태어나고 있었다.

곧 갑작스러운 돌풍이 불어서 나무가 풀처럼 휘고, 나뭇

가지가 날아다니고, 세상을 초록빛으로 적셨다. 바람이 집을 부술 듯 두드렸다. 어머니가 비명을 지르더니 누나와 내 손을 끌고 바로 지하실 옷장으로 숨었다. 어머니와 누나와 나는 라디오를 켜고 바람이 잠잠해지길 기다리며 울었다.

다음 날 피해 보도가 나왔다. 토네이도가 땅에 닿은 곳은 인근 마을이었고, 옆 주까지 넘어가면서 총 68명의 부상자가 생겼다. 다행히 인명 피해는 없었다. 우리 집 근처에 있던 토네이도는 풍속이 218-266km/h에 달했다고 한다. 같은 날 인접한 지역에 수십 개의 토네이도가 동시다발로 생겨난 매우 희소한 사건이었다.

자연은 놀이터이자 모든 신화가 태어난 곳이고 아름답지만, 때로 사납고 잔인하다. 그날 무정하고 잔인한 자연의 한 면목을 보았다.

5장
푸른 산이 들려준 이야기

빅박스스토어 대신 엄마 아빠 가게

버몬트는 푸른 산의 공화국Green Mountain Republic에서 시작한 곳이다. 이름처럼 정말 푸른 산이 많다. 산맥 2개가 나란히 놓여 있고, 산림이 전체 면적의 약 4분의 3을 차지한다.

버몬트Vermont라는 이름도 자연과 깊은 관련이 있다. 이름 유래에 관해 크게 두 가지 설이 있는데 하나는 숲, 다른 하나는 산과 관련이 있다.

첫 번째는 프랑스어의 '푸른 산 les monts verts'에서 왔다는

초창기 버몬트는 무분별한 벌목으로
산림이 크게 훼손되어 있었다.
벌목이 기승을 부리면서 1890년에는
전체 면적의 80%가 나무가 없는
불모지였다고 한다. 푸른 산이 나체로
무너진 것이다.

설이다. 하지만 불어 문법과 역사적인 측면에서 맞지 않는 설이라고 본다. 프랑스어는 형용사가 명사 뒤에 따르기 때문에 '푸른 산'을 의미하는 이름은 '몬베르Montver'가 되어야 한다.

그리고 초창기 버몬트는 푸른 산의 지역이 아니었다. 무분별한 벌목으로 산림이 크게 훼손되어 있었다. 벌목이 기승을 부리면서 1890년에는 전체 면적의 80%가 나무를 찾아볼 수 없는 불모지였다고 한다. 푸른 산이 나체로 무너진 것이다.

철도가 놓이고, 버몬트의 목재가 다른 주로 팔려나가면서 한때 푸르렀던 산림은 찾아볼 수 없는 지경이 되었다. 벌목으로 일부는 부자가 되었지만, 생태계가 무너지면서 어획, 사냥 사업은 붕괴했고, 토양이 침식되면서 농업도 타격을 입었다.

환경 파괴가 점점 규탄받기 시작했고 벌목꾼timber butchers들에 대한 비난 여론이 거세지자 주에서도 강력하게 대응했다. 산림부를 설립하고 여러 부서 간 협력을 유도하면서 새로운 세법을 도입해 산림을 되살릴 동기를 부여하기 시작했다.[12] 그 결과 오늘날 버몬트는 약 75%가 산림으로 뒤덮인 푸르른 지역으로 거듭났다.

'푸른 산'에서 유래한 게 아니라면 버몬트의 이름은 어디서 왔을까?

버몬트 이름에 관한 두 번째 설은 '산을 향해 간다'는 말에서 유래됐다는 것이다. 본래 원주민이 살던 땅에 처음 방문한 이방인이 프랑스 탐험가들이었는데, 당시 프랑스령 식민지가 버몬트 인근에 있었다. 현재 캐나다 퀘벡이 있는 곳이다. 퀘벡의 평평한 땅에서 강을 타고 버몬트로 내려오다 보면 평야가 고개를 들어 언덕이 되고, 더 가면 언덕이 일어나 산이 된다. 그래서 프랑스령에서 영국령으로 내려가면서 산을 향해 가고 있다는 뜻으로 'vers les monts'라고 표현했다는 것이다. 이 말은 버몬트와 어순이 같고 철자가 매우 비슷하다. 또 중간에 'les'가 빠지는 듯 안 들리게 되는 현상은 음성학적으로 빨리 발음한 퀘벡 지역의 말투와 잘 맞아떨어진다.

결국 어느 설이 맞는지는 아직 확인된 바가 없다. 그런데 어느 쪽이든 버몬트는 시작부터 산과 숲, 자연으로 알려지고 사람의 인식에 새겨졌다는 것은 틀림없다.

오늘날의 버몬트는 단풍, 스키 등 자연에 기댄 관광이 발

달한 곳이기 때문에 사람들의 생계도 자연과 밀접한 연관이 있다. 그 때문에 버몬트는 하와이와 더불어 미국에서 가장 환경에 민감한 지역으로 손꼽힌다. 환경 문제만을 독립적으로 다루는 사법부[13]를 두고 있으며, 버몬트주립대학교 UVM·The University of Vermont 역시 환경 분야에서 이름나 있다.

사람들 역시 자연 경관을 보전하는 것을 무엇보다 중요하게 여긴다.

한 예로 내가 살던 동네에 인접한 맨체스터(버몬트주 남부 베닝턴카운티에 있는 마을)는 옛 뉴잉글랜드 느낌을 살리고 역사를 보전하기 위해 집마다 건물 높이와 외관 색을 규제했다. 일부 산기슭의 민박집을 제외하면 모든 건물이 5층 이하로 층고가 낮았다. 가정집은 보통 3층 이하였다. 나지막한 마을이 자연 속에 포근하게 안긴 듯 보였다. 또 길갓집은 벽면을 흰색, 미늘문은 어두운 초록색으로 칠했다. 특별히 허가를 받아서 다른 색으로 칠할 수도 있지만, 대부분 주민이 곱지 않은 시선을 보냈다. 한 집은 정책이 애매할 때를 틈타 재빨리 연한 보라색으로 외벽을 칠했는데, 그 유일무이하게 독특한 집은 나중에 내부를 개조해 고급식당으로 변신했다.

맨체스터만 그런 것이 아니라 그린마운틴국유림 Green Mountain National Forest 지역에 있는 집들은 집의 크기, 화장실 개수까지 규제해서 기준을 넘는 집에 관해서는 과세를 하고, 농장이 있는 땅을 다른 목적으로 변경할 수 없도록 땅의 용도도 철저하게 관리하고 있다.

정책적으로 빅박스스토어가 들어오지 못하는 규제도 있다. 버몬트의 주도(주의 대표 도시)는 몬트필리어 Montpelier 인데, 미국의 주도 가운데 유일하게 맥도날드가 없는 도시로 유명하다.

월마트, 케이마트, 시어즈 등 대형마트를 보통 빅박스스토어 big box store 라고 한다. 어디서든 똑같은 사업 모델을 적용하고, 비용을 최대한 줄일 수 있도록 건물을 네모난 모양으로 지어 꼭 커다란 박스를 떠올리게 한다. 반면 소규모 자영업자들이 운영하는 가게는 맘앤팝스토어 mom-and-pop store 라고 하는데 '엄마, 아빠가 운영하는 가게'라는 의미이다. 대기업의 빅박스스토어가 들어오면 소규모 가게들이 타격을 받기 때문에, 버몬트의 많은 지역은 형태와 면적, 시스템을 규제해 대형마트의 진출을 통제한다.

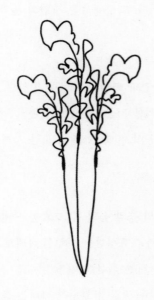

버몬트는 숲으로 둘러싸인 푸르른
곳이면서, 건물이 낮고 고풍스러운
곳이다. 그곳에서는 자연의
일부임을 실감할 수 있었다.

또 미국 도로에서 흔히 볼 수 있는 옥외 광고판도 버몬트 주에서는 자연 경관을 해친다고 판단해 설치를 금지하고 있다.

그래서 버몬트는 숲으로 둘러싸인 푸르른 곳이면서, 건물이 낮고 고풍스러운 곳이다. 그곳에서는 자연의 일부임을 실감할 수 있었다.

버몬트 학교에서는 자연과 연계된 교육을 받았다. 민들레, 모나크나비, 사마귀 등 식물과 곤충을 관찰하는 등 자연과 생태를 배웠고 과학, 역사, 문학, 미술 등 거의 모든 과목을 자연 속에서 진행했다.

리트머스 종이로 화단의 흙과 숲의 흙, 흐르는 시내의 상류와 하류를 다니며 pH를 비교 측정하는 수업을 하기도 했다. 그때 땅의 pH는 그 땅에 자라는 식물에 따라 달라진다는 걸 알게 되었다. 구상나무, 소나무 같은 침엽수가 자라는 흙은 다른 곳의 흙보다 산성도가 높다. 곁에 다른 나무가 자라지 않고 넝쿨이 들러붙지 않는 게 종의 생존에 유리하기 때문에 산성 성분을 지닌 채 진화한 것이다.

역사 시간에 원주민 사냥법을 배우기도 했다. 원주민들은 숲속에서 소리 나지 않게 조용히 동물에 다가가 사냥했는데, 소리 나지 않게 걸으려면 뒤꿈치, 발의 옆쪽, 앞쪽 순서대로 발을 디디면서 몸의 무게 중심을 조심스럽게 옮겨야 했다.

　　선생님은 야외에서 칠면조 그림을 앞에 두고 학생들에게 한 사람씩 나와서 소리 나지 않게 걷도록 했다. 바닥에는 낙엽이 깔려 조금만 움직여도 바스락거렸고, 내 앞에 있던 학생들은 모두 실패해 상당히 긴장됐다. 조심스럽게 배운 대로 앞으로 발을 내디디면서 칠면조 그림 앞까지 갔다. 근처에 있던 나무 막대를 조심스럽게 들어 그림을 향해 던졌고, 칠면조 그림을 관통했다. 그날 원주민식 사냥에 성공한 건 나 혼자로, 상당히 인상적인 경험이었다.

　　역사와 문학, 생태학과 화학, 생물학과 진화…. 한 분야와 다른 분야, 지식과 현실은 자연스럽게 연결되었다. 지식은 그 자체로 목적이 되지 않았다. 단순한 평가를 위해 화학 주기율표를 통째로 외워서 시험을 보거나 하는 일은 없었다. 버몬트에서 지식은 우리 자신, 우리가 사는 세상을 이해하기 위한 도구였다.

직접 잡을 수 있어야 고기를 먹을 수 있다

내가 다닌 고등학교에서는 학생들이 직접 일에 참여하는 시간이 있었다. 당시 학교 목장에는 젖소 36마리가 있었다. 고등학교를 졸업하기 위해서는 직접 젖을 짜고 소를 돌봐야 했다. 아침에 가면 먼저 소똥을 치우고 젖을 짜낸 다음 소를 축사에서 목초지로 내보냈다. 문이 열리는 순간부터 소는 빨리 밖으로 나가고 싶어 '우우~' 소리를 내며 흥분했다. 한꺼번에 목줄을 풀어줄 수 없어서 한 마리씩 내보내야 했는데, 그럴 때 소와 열린 문 사이에 끼면 줄을 풀어주기가 힘이 들었다. 자꾸 문 쪽으로 가려고 하니까 줄이 팽팽하게 당겨져 매듭을 풀기 어려웠다.

겨울이나 밤, 우유를 짜는 시간을 제외하면 온종일 밖에서 생활하는데도 아침이면 밖에 나가고 싶어 안달하는 것이다. 그런 모습을 생각하면 축사에서만 길러지는 소들은 얼마나 괴로울까 싶다. 고등학교 때 경험한 농장은 소를 자유 방목하는 방식이었지만, 실제 축산업의 상당수는 대규모 공장식으로 운영된다. 동물들은 분뇨로 범벅이 된 비좁은 공간에서 사육된다. 자연히 면역력이 떨어지고, 질병에 취약해져 많은 항생제를 먹고 마시고 맞아야 한다. 우리가 먹는 많은 고기는 이런 과정을 거쳐 우리 식탁에 오른다. 과연 인간이 다른 종에게 이런 병적인 삶을 강요할 수 있는가. 이런 생각을 하면 참담하고 슬프다.

가까이에서 지켜보면 소는 상당히 귀여운 동물이다. 축사 밖으로 먼저 나간 소들은 멀리 가지 않고 동료가 나올 때까지 서로 기다려준다. 또 목초지로 이끄는 사람이 뒤처지면 돌아서서 기다려주기도 한다. 그래서 소를 목초지로 이끌거나 돌봐줄 때는 나도 같이 소가 된 듯한 느낌이었다.

한번은 소젖을 짜는 오후반 담당 학생들이 무슨 일인가로 30~40분 늦게 온 일이 있었다. 소젖은 하루 두 번, 오전과 오후에 짜야 하는데 그걸 하지 않으면 불어난 젖으로 인해 소가 아프고 힘들어했다. 방치하다간 건강에 문제가 생기고 심하면 죽을 수도 있어서 소젖을 짜내는 일은 상당히 중요한 일과였다. 그날 학생들이 도착해보니 소들이 축사 근처에 몰려 기다리고 있었다고 한다. 농장에서 소와 사람은 그렇게 의존하면서 지냈다.

　고등학교 농장에는 닭도 몇 마리 있었다. 알을 얻기 위해 키우는 닭이어서 자유롭게 농장을 돌아다녔는데, 당시 기숙사 선생님은 고기를 얻기 위한 용도로 몇 마리를 따로 사육했다. 고기를 얻기 위한 닭은 먹이는 것도 다른 것인지, 선생님이 키우는 닭을 볼 때마다 '우와, 엄청나게 빨리 자란다.' 싶었다. 우리 눈에 아주 큰데도 선생님은 아직 잡을 때가 아니라면서 조금 더 커야 한다고 말씀하셨다. 언제까지냐고 여쭤보면 선생님은 "넘어질 때까지."라고 답하셨다. 살이 많이 쪄서 걷는 게 부자연스러워질 때까지 살을 찌우고, 그때 먹는다고.

　선생님은 닭을 직접 잡았다. 닭이 움직이지 못하게 플라스틱 통에 구멍을 뚫어놓고 닭에게 씌워 그 상태로 목을 잘랐다. 학생 중에는 그런 도살에 반감을 품은 사람이 많았다. 나도

선생님은 "직접 잡지도 못하면서
무슨 고기를 먹겠다는 거냐?"
라며 당당히 말씀하셨다. 듣고
보니 비겁한 건 오히려 나라는
생각이 들었다.

그중 하나였다. 끔찍해서 그 장면을 지켜볼 수 없었다. 너무 잔인하다고 생각했다. 그러나 선생님은 "직접 잡지도 못하면서 무슨 고기를 먹겠다는 거냐?"라며 당당히 말씀하셨다. 듣고 보니 비겁한 건 오히려 나라는 생각이 들었다. 급식시간에 즐겁게 고기를 먹는 사람이 막상 그 고기를 만드는 순간에 불평한 것이다. 조금만 시간이 지나면 다시 맛있게 고기를 먹을 거면서. 사실을 부정하고 혜택을 누리면서 책임을 지기 싫은 비겁한 마음이 아닐까. 한편으로는 몰라서 편한 게 있지만 사실은 몰라서 전혀 감사할 줄 모르는 것이었다.

작가 마이클 폴란의 《잡식동물의 딜레마_The Omnivore's Dilemma_》라는 책이 있다. 동물과 식물, 먹는 모든 것을 직접 길러 식탁에 올리는 과정을 담은 책이다. 무척 인상적으로 읽었다. 우리는 동물을 식당의 요리나 마트의 상품으로 접한다. 동물이 자라온 많은 시간과 동물이 자라는 동안 들인 자원, 자라는 과정, 그 모든 가치와는 유리된 채로. 직접 동물을 키우고 죽이는 것보다 상품으로 접한 동물을 아무 감정 없이 먹는 게 오히려 잔인하지 않나 싶다.

자연의 변화는 손닿지 않는 곳이 없었다

겨울이 되면 버몬트는 멀리 다른 문명에서 도망쳐 나온 사람들로 가득찼다. 뉴저지, 보스턴 등 많은 도시에서 온갖 사람들이 스키를 타러 왔다.

생계와 밀접한 일이기 때문에 버몬트 사람들은 언제부터 언제까지 인공눈을 만들 수 있는지, 언제부터 언제까지 자연 설이 내리는지 자연스럽게 알았다. 스키장마다 제설기로 인공 눈을 만드는데 어떤 스키장의 누가 좋은 설질의 눈을 만드는 지에 관한 관심이 지대했다. 좋은 설질의 눈을 만들려면 기온,

공기의 습도, 산의 높이에 따라서 혼합물의 비율을 섬세하게 조정해야 했다. 조금이라도 비율이나 타이밍이 맞지 않으면 눈 결정이 설탕이나 소금 결정처럼 거칠고 버석버석해졌고, 스키 날이 얼음에 껴서 넘어지기 십상이었다.

그래서 버몬트 사람들은 인공눈을 만드는 사람을 장인이라고 생각하고, 매 스키 시즌이면 스키장마다 스노우 메이커snow maker를 두고 경쟁하곤 했다. 폭신폭신하고 스키 타기 좋은 설질이 그해 스키장의 경쟁력이 되었다.

영화 〈사운드 오브 뮤직The Sound Of Music(1965)〉에는 실존 모델이 있다. 폰 트라프Von Trapp라는 오스트리아 남작으로, 그는 나치를 피해 1938년 버몬트주 스토우Stowe로 도망을 치고, 그곳에서 스키 산장山莊을 운영한다. 영화처럼, 버몬트 스키장의 역사는 오스트리아 이민자들과 깊은 연관이 있다. 버몬트의 스키장 중 상당수는 2차 세계대전 직후 버몬트주에 들어온 오스트리아 이민자들이 시작했다.

내 아버지도 오스트리아 출신으로, 스키와 밀접한 인연을 맺었다. 아버지는 젊은 시절 매사추세츠주Massachusetts에 있는 스키장에서 야간 스키 강습을 했다. 직장에서 퇴근하면 스키장으로 출근해 스키스쿨에서 학생들을 가르쳤다. 아버지는 그곳에서 어머니를 만났다. 어머니도 야간 스키스쿨 강사였다. 조명이 비추는 밤의 설원에서 두 사람은 곧 연인이 되었고 아버지는 스키장에서 프러포즈했다.

두 사람이 결혼하고 정착한 곳이 버몬트주로, 내가 열 살 무렵에는 버몬트의 한 스키장 근처에 살게 되었다.

우리 가족은 관광객이 몰리지 않는 스키 시즌 초반이나 특별한 날에 꼭 스키를 타러 갔다. 성탄절 아침도 마찬가지였다. 오스트리아 출신인 아버지와 미국인인 어머니의 영향으로 우리 집은 유럽식과 미국식 성탄절을 모두 치렀는데, 유럽식으로 성탄 전야에 선물을 몇 개 풀고, 나머지 선물은 남겨서 미국식으로 성탄절 아침에 푸는 식이었다. 스키장 근처로 이사하고 나서는 전야, 성탄절 아침 모두 선물을 풀어볼 수 없었다. 스키부터 타러 나가야 했다. 일단 스키를 타고 돌아온 다음에 아침 식사를 하고 선물을 풀 수 있었다. 유일하게 예외가 되는 경우는 선물이 스키 장비일 때였다.

아무도 밟지 않은 눈밭이 그렇듯, 누구도 지나가지 않은 스키장 설원도 특별하다. 우리 가족은 새 눈이 깔린 스키장에서 스키 타는 걸 좋아했기 때문에 스키 시즌에 민감했다. 매년 스키 시즌 기간은 점점 짧아졌다. 늦게 시작하고 일찍 끝이 났다. 내가 열 살 무렵까지는 추수감사절이나 늦가을이 되면 스키를 탈 수 있었다. 열다섯 살 즈음부터는 추수감사절이 지나야 스키장이 개장했다. 늦가을부터 이듬해 4~5월까지 이어지던 스키 시즌은 3월이면 끝나 버렸다. 날이 점점 따뜻해지고 있었다.

지구온난화를 체감하지 못하는 사람이 많다지만, 버몬트에서는 사정이 달랐다. 버몬트 사람들의 생계는 주로 자연과 연관되어 있었다. 스키장은 언제부터 언제까지 운영할 수 있는지, 스키장에서 언제까지 일할 수 있는지, 관광객이 언제 찾아와 숙박하는지, 특산품인 메이플 시럽은 언제 만들 수 있는지…. 버몬트 사람들의 삶은 자연 주기에 의해 결정된다. 그래서 지구가 점점 뜨거워지는 변화가 확연히 감지되었다.

버몬트 스키장들은 2차 세계대전이 끝나고 베이비부머 세대가 여가생활에 투자하기 시작하면서 크게 성장했다. 열심히 일한 만큼 돈을 벌었던 이들 세대는 주말이 되면 도시를 떠나 신비롭고 낭만적인 버몬트의 크고 작은 스키장으로 여행했다. 버몬트가 스키 명소로 인기를 끌게 되었음에도 버몬트에서는 1950년대부터 지금까지 600개 넘는 스키장이 문을 닫았다.[14] 어째서 이런 일이 벌어졌을까?

대형 스키장 선호 현상이나 지역 간 경쟁 때문에 자연스럽게 문을 닫은 곳도 있지만, 달라진 기후 패턴도 원인으로 지목된다. 기후위기로 날이 따뜻해지면서 높이가 낮은 산의 눈이 빠르게 녹아버렸고, 낮은 산에 자리 잡은 스키장들은 점점 스키장 운영에 필요한 자연설을 확보하기 어려워졌다. 결국 높은 산을 개발하고 인공설에 투자할 자본을 갖춘 곳만 살아남았다. 실제로 1980년대 초반부터 지금까지 적설량은 41% 감소했고, 스키를 탈 수 있는 일수는 34일 줄었다.[15] 주민들의 밥줄도 한 달 분량만큼 줄어든 셈이다.

연결된 다른 산업도 모두 환경과 함께 파괴되어 가고 있다. 한 예로 메이플 시럽을 들 수 있다. 버몬트는 메이플 시럽이 유명한 곳이다. 많은 한국인이 내게 버몬트의 특산품이 무엇이냐고 물어보는데, 메이플 시럽이라고 하면 하나같이 "그

스키 시즌이 짧아지면 버몬트 관광업과
수반되는 사업들이 모두 영향을 받고
지역 주민의 생계가 힘들어진다.
자연의 변화는 손이 닿지 않는 곳이
없어서 특산품 생산도 줄어든다.

건 캐나다 거잖아."라는 반응을 보인다. 엄밀히 말하면 메이플 시럽은 '캐나다 것', 혹은 '버몬트 것'이 될 수 없다. 버몬트나 캐나다가 생겨나기도 전에 북미 원주민들이 만든 것이기 때문이다. 캐나다와 미국 국경선에 걸친 지역, 그러니까 메이플 나무가 나는 지역에서 나온 것이다.

메이플 시럽을 만들려면 우선 메이플 나무가 있어야 한다. 어린나무는 안 되고, 적어도 나무를 안았을 때 손가락 끝이 겨우 닿는 정도의 아름드리여야 한다. 큰 나무에 철로 된 꼭지를 박고 양동이를 걸어 수액을 모은다. 이렇게 모은 수액을 오래 끓여 시럽을 만드는데, 양동이 1개 분량의 시럽을 만들기 위해서는 양동이 40개 분량의 수액이 필요하다. 상당히 많은 양이 필요한데 수액은 늘 모을 수 있는 게 아니다. 자연의 흐름에 따라야 한다.

메이플 나무는 늦겨울에서 초봄 사이에 수액이 흐른다. 버몬트는 3월 즈음 낮과 밤의 일교차가 크다. 낮에는 영상으로 오른 기온이 밤이 되면 영하로 떨어져 낮에 녹은 눈이 밤이 되면 얼어붙는다. 메이플 나무 수액은 이렇게 일교차가 큰 시기에 채취할 수 있다.

하지만 근래에는 자연의 흐름이 틀어졌다. 날이 더 일찍 풀리기 시작해 나무 수액이 흐르는 시기가 빨라졌고, 채취 기간도 짧아졌다. 3월부터 시작했던 메이플 시즌은 기후위기로 인해 이제 1월부터 시작한다. 그리고 빨리 그친다.

그뿐만 아니라, 따뜻한 기온 때문에 메이플 나무의 성장이 저해되어 새로 자라는 나무들이 수액을 채취할 만큼 크게 성장하지 못하는 경우도 많다. 이미 내가 고등학생 때부터 그런 현상이 피부로 감지되었다. 고등학교에 다닐 때 메이플 시럽을 만드는 과정이 있었는데, 주변에서는 매년 시럽 생산량이 눈에 띄게 줄어들고 있다고 입을 모아 말했다. 당시 자료를 찾아보면 그 이전 시즌보다 27% 줄어들었다.[16]

스키 시즌이 짧아지면 버몬트 관광업과 수반되는 사업들이 모두 영향을 받고 지역 주민의 생계가 힘들어진다. 당장 스키장에서 일하는 사람들의 생계가 위협을 받고, 숙박업도 타격을 받는다. 자연의 변화는 손이 닿지 않는 곳이 없어서 특산품 생산도 줄어든다.

그동안 너무나 당연하게 누렸던 자연환경도, 가족과 함

께 즐겼던 팬케이크와 메이플 시럽도 어쩌면 우리 손녀와 손
자에게는 만들어주지 못할지도 모른다.

나는 오로라를 보며 걸었다

고등학교에 입학한 첫해, 평생 기억에 남는 풍경을 보았다. 내가 다닌 고등학교는 버몬트주에 있는 진보적인 분위기의 기숙학교로, 학업만이 아니라 일과 예술 등 여러 활동을 병행했다. 저녁 시간 이후에도 늘 일정이 있었다. 그해 첫 학기에는 저녁을 먹고 나면 도서관에 체크인해서 숙제해야 했다. 결석하는 학생들도 있었지만, 결석이 잦으면 두 번째 학기로 연장됐기 때문에 나는 무조건 나갔다. 할 일을 빨리 끝내놓고 싶은 성격 때문이었을 것이다.

그날도 친한 친구와 저녁을 먹고 도서관에 가는 길이었다. 늦가을이었지만 이미 눈이 땅을 덮고 있었다. 공기가 추울 때 내린 새 눈이어서 걸을 때마다 뽀득뽀득 소리가 났다. 걷다가 보니 눈이 평소와는 달랐다. 누군가 흘린 피라도 섞은 듯 분홍색으로 보였다. 친구에게 눈이 분홍색이라고 말했다가 "미쳤어? 눈이 이상하구나?" 하는 핀잔만 들었다. 내가 좀 피곤한가 싶어 대수롭지 않게 여기고 지나가는데, 몇 걸음 더 가자 분홍빛이 더 짙게 보였다. 친구에게 다시 말했더니 또 아니라 했다.

도서관은 언덕에 있었다. 나무가 우거진 곳을 통과해야 했다. 우거진 나무 사이를 천천히 지나오자 이윽고 시야가 트였다. 눈은 확연한 분홍색이었다. 평소라면 깜깜했을 하늘이 새빨갛게 물들어 있었고 번개 모양의 흰색 획이 물결을 그리고 있었다. 마치 찢어진 상처에서 피가 흘러나오는 것 같았다. 세상이 끝나는 날의 모습이 이러할까.

"봐, 말했잖아."

친구를 바라봤다. 친구는 "헐!" 하는 감탄사만 내뱉고 있었다. 오로라였다. 버몬트에서는 몹시 추운 한겨울, 사방에 불빛이 없는 산동네에서 오로라가 보일 때가 있다. 나는 인생에서 단 한 번, 그날 저녁 오로라를 보았다. 그날 '사람의 존재는 참 작고 보잘 게 없구나.' 싶었다. 무섭기도 하고, 아름답기도 하며, 신비롭기 짝이 없었다. 내가 작고 보잘것없다는 게 서글프지만 동시에 위로가 되었다.

고등학교에 다닐 때 저녁을 먹고 예술 활동을 하고 나면 늦은 10시쯤 기숙사에 들어갔다. 밤은 이미 깊어 있었다. 건물과 건물 사이에는 그저 자연뿐이었다. 드문드문 떨어진 학교 건물 창문에서 노란빛이 조금 새어 나왔지만, 그 빛으로는 앞길도 제대로 보이지 않았다. 의지할 것이라고는 달빛과 별빛뿐이었다. 보름달이 뜨면 한밤중에도 만물에 푸른 불이 켜진 듯 생생했고, 그믐날 맑은 밤하늘에는 셀 수 없이 많은 별이 반짝였다. 가만히 쳐다보고 있으면 하나둘 별똥별이 눈에 들어왔다. 수많은 별빛이 눈으로 뒤덮인 땅을 비추고, 나뭇가지가 은빛으로 빛나는 모습은 설명할 수 없이 신비로웠다. 아름답고, 거대하고, 인간을 초월하는 무언가가 있었다.

넋을 잃고 바라보았던 그날의 오로라, 별빛에 의지해 걸

없던 버몬트의 어두운 밤길은 우리 존재를 초월하는 자연의 존재를 내게 일러주었다.

언제나 따뜻한 물이 나오는 집, 계절에 상관없이 쾌적한 쇼핑몰, 에어컨 바람이 시원한 사무실…. 우리가 갇혀 있는 작은 상자들은 편하지만, 그 상자를 감싸고 있는 것은 자연이고 지구이다. 하지만 우리는 우리가 갇힌 작은 상자가 편하고 쾌적하기 때문에, 지금 지구에서 벌어지는 일들은 잘 보지 못하는 듯하다.

점점 더워지는 지구의 현실과 그런 뉴스가 별 감흥을 일으키지 않은 상황을 보면 안타깝다.

우리는 자연의 일부이다. 우리 존재, 우리가 만든 모든 문명은 자연 안에 있기에 자연의 질병은 반드시 인류의 파멸로 돌아온다. 자연은 '공존'을 말해야 하는 대상이 아니다. 살아남기 위해 반드시 살펴야 할 우리의 보금자리이다.

오래 갇혀 있던
작은 상자의 밖으로

2016년부터 나는 WWF에서 홍보 대사를 맡고 있다. 활동하는 데 있어서 별도의 비용을 받지 않고 오히려 매월 기부를 한다. 활동을 통해 환경 문제를 알리는 데 의의를 두고 있다.

WWF에서 활동하면서 환경 책을 쓰고 싶다는 생각이 커졌다. 이 책을 쓰는 것도 어떻게 보면 환경과 관련한 작은 실천이라고 생각한다.

JTBC 〈비정상회담〉에 출연했을 때 출판사의 책 출간 요청을 숱하게 받았다. 미팅도 셀 수 없을 정도로 가졌다. 출판사 미팅을 하면서 나는 무엇보다 FSC 인증 종이를 사용해 책을 만들고 싶었다. 종이의 원료는 나무이기 때문에 책 한 권을 만들면 그만큼의 숲이 파괴된다. FSC 인증 종이를 사용하면 합법적으로 벌목하고 다시 나무를 심어 내가 구입한 만큼의 숲이 보전되기 때문에 환경 파괴를 최소화할 수 있다.

하지만 그때의 대답은 모두 거절이었다. 잘 모른다. 인쇄소에서 안 된다고 한다. 한국 출판 환경에서는 어렵다 등등.

WWF는 FSC 인증 관리 업체와도 연결되어 있기 때문에 WWF에 한국에서 FSC 인증 종이로 책을 찍어낼 수 있는 인쇄소 목록을 요청했다. 목록을 받아 놓고 보니 생각보다 많은 곳에서 가능했다. 할 수 있는 거였다. 그런데도 왜 쓰지 않는지 물었더니 국내에서 파는 책에는 FSC 인증 종이를 사용하지 않는다는 대답이 돌아왔다. 결국 업계에 FSC 인증 종이에 관한 인식이 없고, 사용자가 FSC 인증 종이를 요구하지 않아서였다.

나는 정말 화가 났다. 이게 뭘까. 마음이 없는 걸까 싶었다. 돈이 안 되니까 그런 걸까. 납득이 되지 않았다. 많은 미팅을 거치면서 알에이치코리아에서 처음으로 FSC 인증 종이 사용을 합의했고, 계약서에 명시했다. 이 책 이후에는 FSC 인증 종이를 쓰지 않는 책이라면 더는 계약하지 않을 작정이다. 분명히 FSC 인증 종이를 쓰는 책을 만들었고, 보여줬고, 할 수 있다는 걸 보여줬으니, 이다음에는 이 책을 기준점으로 삼을 생각이다.

이런 식으로 기준점을 하나씩 만들어가고, 그 기준에 맞지 않다면 거절하고 있다.

한 예로 꽤 좋은 조건으로 치킨 광고 제안이 몇 차례 들어왔지만 거절한 일이 있다. 나는 채식주의자가 아니다. 온실가스의 18%가량이 축산업에서 배출된다는 것을 알고 한때 고기를 먹지 않기 위해 노력했지만, 결국 성공하지는 못했다. 만약 채식주의자가 된다고 해도 "고기를 먹는 건 잘못되었어."라는 식의 태도가 윤리적으로 허용된다고 생각하지는 않는다. 그렇다고 해도 내가 고기를 먹는 것과 남에게 "많이 드세요."라고 권하는 건 전혀 다른 문제이다. 그런 일에 내 목소리를 파는 일은 할 수 없었다.

또 자동차 업체에서 좋은 제안이 온 일이 있지만, 자동차 매연이 대기오염을 일으키기 때문에 거절한 일도 있다.

나는 얼마 전부터 작은 회사를 운영하고 있는데, 오가는 서류가 정말 많다. 그래서 이면지를 사용해 종이를 아꼈는데, 얼마 전 미국에서 종이 없이 온라인 서류로만 운영하는 에이전시를 발견하고 손뼉을 쳤다. 알고 보니 젊은 운영자들이 친환경 철학으로 운영하고 있다고 한다. 나는 그런 사람들과 함께 일하고 싶다.

소비자로서의 구매권, 시민으로서의 투표권을 생각하며 내 경제 활동에 환경 기준을 세워나가고 있다. 미약한 힘이나마 하나씩 시작하고 싶다.

나는 이제 내가 갇혀있던 작은 상자의 밖으로, 한 걸음 걸어 나가고자 한다.

우리가 해야 하는 이야기

책을 거듭 읽으며 느꼈다. 구구절절 옳구나. 소문난 천재가 공부도 참 열심히 했구나. 알리고 싶었구나. 간절했구나. 작가의 절절한 마음이 고스란히 읽혔다.

기후는 위기고 환경은 파괴되고 있다지만, 내가 느끼지 못하면 남 얘기다. 그런 사람을 설득하기란 여간 어렵지 않다. 심지어 함께 행동하자고 하는 것은 오히려 역효과로 반발심만 불러오기도 한다. 내가 체감하는 절박함이 아직 그만큼이 아닌데 서두르길 재촉하는 상대만큼 부담되고 거부감 드는 사람도 없을 것이다.

그래서 환경 이슈를 제기하는 사람들은 자주 공격을 받고 때로는 누명을 쓰기도 한다. 어른들에게 미래를 지켜달라 애원했던 스웨덴 소녀 그레타는 최강국 미국 대통령에게 조롱을 들어야만 했다. 이런 때 작가의 결심은 큰 울림을 준다.

지금 상황이 얼마나 절박한데, 고작 목소리 내길 주저하겠는가. 내가 완벽하지 않다는 게 목소리를 못 낼 이유는 되지 않는다고 생각한다.

타일러는 참으로 용기 있는 사람이다.

우리는 6번째 대멸종 중인 '인류세'에 살고 있다. 그간 하던 대로 이용하고 누리는 여유를 가지기엔 지구가 심상치 않다. 망가져 가는 지구를 가장 효과적으로 되돌릴 수 있는 주체는 누구인가.

전 세계 인구, 즉 소비자는 78억 명이다. 생산자 또는 원자재를 공급하는 자는 15억 명이다. 그런데 소비자와 생산자의 중간 단계에서는 소매, 유통, 가공을 하는 500개 기업이 시장의 70% 점유하고 있다. 특히 100개의 글로벌 브랜드 기업이 전 세계 1차 생산물의 25%, 전 세계 총생산의 40~50%를 차지한다. 78억 명의 소비자가 텀블러를 쓰는 것보다, 100개의 글로벌기업이 에너지 생산을 전환하는 게 훨씬 효과적이라는 말이다. 이 기업들이 석탄과 플라스틱을 마구 쓰는 생산 방식을 재생 에너지와 친환경 생산 방식으로 바꾸려 할까. 지구를 위해 진심으로 우러나서 윤리적인 생산을 할 기업들이 있을까. 이들이 변한다면 이유는 두 가지다.

규칙(국내외 법률과 규제)을 어기면 불이익을 받거나 혹은 소비자가 외면하거나. 78억 명이 환경을 해치는 기업 제품을 사지 않고, 기업에 규제를 높이도록 정부에게 요구하면 된다. 작가 타일러 역시 소비자로서 요구와 선택을 강조한다.

소비자가, 국민이 요구하고 지켜봐야 정책이 바뀌고 산업계가 바뀐다. 특히 지금과 같이 자원을 소비할 경우 GDP 손실액이 전 세계 7위에 해당하는 한국은 환경이 바로 경제임을 명심해야 한다.

우리는 모두 후세대에 미안한 마음을 가지고 노력해야 할 의무가 있다. 이제 최소한 독자들은 서로서로 가볍게 혹은 무겁게 계속 이 주제를 이야기하길 바란다. 왜 내가 해야 하냐고 묻는다면, 그건 당신이 여기서 태어났기 때문이다. 지구를 누리며 살아왔고 살아갈 예정이기 때문이다. 절대적으로 해야 하는 이야기다. 이 시대를 사는 모두가 모두에게.

이영란

집 베란다에는 내가 가꾸는 작은 텃밭
이 있다. 채소부터 꽃까지 다양한 식물
을 가꾼다. 원주민식 세 자매 농사법에
따라 한 화분에 옥수수, 호박, 콩을 키우
기도 한다. 올봄에 심은 대파에서 씨앗
을 얻었다. 올해 얻은 씨앗은 내년이면
다시 푸른 싹을 틔울 것이다.

요거트와 치즈는 집에서 직접 만들어 먹는다. 먹고 남은 요거트에 우유를 붓고 기다리면 맛 좋은 요거트를, 면보에 싸서 굳히면 치즈를 만들 수 있다. 요거트통은 서너 번 정도 사용한다.

그림 그리는 걸 좋아한다. 자주 그리는 것은 어린 시절 나를
품었던 버몬트의 자연이다. 일하면서 불가피하게 발생한 서
류나 자료는 그림을 연습하는 스케치북으로 사용한다. 나는
지금 지구에게 덜 미안한 삶의 방식을 연습 중이다.

스트레스를 어떻게 관리하느냐는 질문을 종종 듣는다. 우울한 기분이 들 때면 한강변을 달린다. 바람에 흔들리는 수풀, 유유히 흘러가는 강을 벗하면 복잡한 머릿속이 정리되고, 다시금 살아갈 힘이 솟는다.

주석

1) National Geographic "Save the Plankton, Breathe Freely"

2) Climate Central "Report: Flooded Future: Global vulnerability to sea level rise worse than previously understood"(March 12, 2020)

3) 연합뉴스 "태평양 해수 산성도 증가로 식용 게 껍데기도 녹아"(2020년 1월 28일)

4) Climate Central "Roasted: Coffee at Risk"(June 10, 2020)

5) The Washington Post "Boston harbor brings ashore a new enemy: Rising seas"(February 19, 2020)

6) The Washington Post "Worst Mediterranean drought in 900 years has human fingerprints all over it"(March 18, 2016)

7) Asia Times "Syria: from wheat-sufficient to import dependent"(March 15, 2019)

8) McKinsey & Company "The State of Fashion 2020: Navigating uncertainty"(November 20, 2019)

9) 국회 미국 원자력 폐로 Field Research 보고회(2015)

10) www.ellenmacarthurfoundation.org/publications/new-plastics-economy-catalysing-action

11) ABC News "Indonesian 12yo activist tells Scott Morrison to take back Australia's waste"(January 22, 2020)

12) VTDigger "Then Again: When the Green Mountains were not so green"(July 15, 2018)

13) 버몬트 사법부 홈페이지(www.vermontjudiciary.org/environmental)

14) VTDigger "Climate change viewed as serious threat to ski industry"(April 1, 2018)

15) CNBC "RISING RISKS Climate change is taking a toll on the $20 billion winter sports industry — and swanky ski homes could lose value"(July 5, 2019)

16) NPR "Climate Change Could Mean Less Maple Syrup For Your Pancakes"(February 12, 2018)

**두 번째 지구는
없다**

1판 1쇄 발행 2020년 7월 15일
1판 24쇄 발행 2024년 6월 26일

글·그림 타일러 라쉬

발행인 양원석 **편집장** 차선화
영업마케팅 윤우성, 박소정, 이현주, 정다은, 백승원, 박윤하
사진 이원재(봄 스튜디오)
펴낸 곳 ㈜알에이치코리아
주소 서울시 금천구 가산디지털2로 53, 20층(가산동, 한라시그마밸리)
편집문의 02-6443-8890 **도서문의** 02-6443-8800
홈페이지 http://rhk.co.kr
등록 2004년 1월 15일 제2-3726호

© 타일러 라쉬 2020, Printed in Seoul, Korea.

ISBN 978-89-255-5625-3 (03300)